基层治理的现代化探究

杜广庆◎著

线 装 書 局

图书在版编目（CIP）数据

基层治理的现代化探究/杜广庆著. --北京：线
装书局，2024.3
ISBN 978-7-5120-5924-5

Ⅰ.①基… Ⅱ.①杜… Ⅲ.①社会管理－现代化建设
－研究－中国 Ⅳ.①D63

中国国家版本馆 CIP 数据核字(2024)第 044877 号

基层治理的现代化探究
JICENG ZHILI DE XIANDAIHUA TANJIU

作　　者：杜广庆
责任编辑：王志宇
出版发行：线装书局
　　　　　地　　址：北京市丰台区方庄日月天地大厦 B 座 17 层（100078）
　　　　　电　　话：010-58077126（发行部）010-58076938（总编室）
　　　　　网　　址：www.zgxzsj.com
经　　销：新华书店
印　　制：北京四海锦诚印刷技术有限公司
开　　本：787mm×1092mm　1/16
印　　张：10
字　　数：197千字
版　　次：2024年3月第1版第1次印刷
定　　价：88.00 元

线装书局官方微信

前　言

　　基层是国家治理的基础单元，是落实国家方针政策的最末端，也是联系群众和服务群众的前沿阵地。基层强则国家强，基层安则天下安，必须抓好基层治理现代化这项基础性工作。推进基层治理现代化是实现国家治理体系和治理能力现代化的基础工程，是夯实党的执政基础、巩固基层政权的必然要求，关乎党长期执政、国家长治久安和广大人民群众的切身利益。

　　基层治理就是在党的全面领导下，发挥多元主体作月，针对城乡基层社会发展中的各种问题，保障和改善民生，维护群众权利，化解社会矛盾，推动社会有序和谐，实现居民幸福美好生活的过程。因此，推进基层治理现代化是一项全面、系统性的工程，涉及治理主体、治理理念、治理过程、治理制度等多维度要素。基层治理现代化的要素结构包括多元化的治理主体、以人民为中心的治理理念、全周期管理的治理过程、共建共治共享的治理制度。新时代，基层治理现代化面临着社会结构持续变迁、社会主要矛盾发生变化、社会风险日趋复杂和不确定等重大变化。推进基层治理现代化，应通过完善党全面领导基层治理制度、提升基层政权治理能力、有效推进"三治融合"加强基层智慧治理能力建设等方式，从而构建基层治理新格局。

　　基层社会治理是社会治理的基石，也是国家治理体系中最为基础的部分。正确理解基层社会治理的概念内涵是进行社会创新实践的基本要求。基层社会治理是相对于社会治理的概念而建立的，核心在"基层"二字。基层社会治理主要承载三类活动内容：一是社区的自我管理与服务。组织社区内部活动，解决各类矛盾纠纷，并通过内部资源整合实现对社区个体和组织的有效支持。二是社区的行政类公共服务。通过政府及其派出机构指导、支持和帮助自治组织或公共事务组织来实现，保证政府的各项政策进入社区和家庭，提供相应服务并获得居民认可。三是社区盈利性商业服务。由商业服务类组织提供社区生活服务，保障社区作为生活共同体的顺利运行。

　　本书属于基层治理方面的著作，由基层治理概述、社会治理理论基础与基层社会治理的形式需求、加强基层党建引领社区治理、推进市域社会治理现代化等部分组成，另外对构建基层治理平台与加强基层工作队伍建设、协商民主在基层治理中的应用、基层社会治理法治化、"互联网+"政务基层新实践与领导思维转变等内容进行了介绍，对基层治理的现代化相关专业学习者有学习和参考的价值。

目　录

第一章 基层治理概述

第一节 基层社会治理及其治理结构

一、基层社会治理

(一) 基层社会治理的内涵

1989 年，世界银行首先使用了"治理"（Governance）一词，意为操控和引导。自此至 1995 年，治理一词有了新的定义，即不同社会群体、个体或机构之间不同管理方式的集合。

社会治理是管理社会的过程，其主要内容由三种要素构成，即治理主体、治理手段以及治理对象。所谓基层社会治理，即基层组织管理社会的过程。弄清楚上述讨论的三要素的前提是弄清楚基层的概念。在我国，基层是县级及其以下机关，因此基层社会治理就是县级及其以下机关作为治理主体，通过特定的治理方式对基层社会公共事务协同治理的过程。基层社会治理主要包括以下要点：首先是基层社会治理的主体。改革开放后，基层社会治理主体从单一的政权机关而逐渐向多元主体转变，多个主体协同完成基层社会的治理。其次是基层社会治理的方式与手段。我国历史上各个朝代几乎都将县级以及更低的地方看作基层，例如在清代，为有效控制乡村，政府通过确立保甲组织体系和里甲组织体系两大基层组织体系的方式，推行控制治安的事务以及帮助征收土地税和摊派徭役。这些都并非群众自发性的社会基层治理组织。在当代，基层社会治理主要通过管理单位、法律法规等进行，基层政府和基层群众自治组织共同组成了社会基层治理体系。基层群众自治组织主要指村委会、居委会，而随着社会不断发展，人们的需求日益多元化，基层群众自治组织已不再局限于以上两种了。

（二）基层社会治理的理论

1. 马克思主义社会治理学说

马克思主义经典作家提出的治理思想，为我国基层社会治理的相关讨论奠定了理论基础，主要体现在以下几个方面：首先是社会治理的核心价值观念。马克思主义经典作家认为社会治理的核心价值观念应当以人为本，以实现人类的全面自由发展为主要的价值目的。其次是国家在治理过程中所承担的职能。马克思主义国家观认为，国家包括统治和管理的职能。再次是民主集中制是国家治理的基本组织原则。在马克思主义国家观看来，民主集中制是国家治理的组织原则，民主和集中是一对辩证关系，民主即是确保每一个群众能够参与国家治理的每一个阶段，而集中指的是每个群众都能够以平等的身份参与到国家治理当中。最后是治理的发展规律。马克思主义经典作家认为"到了一定阶段，对人的统治将由对物的管理和对生产过程的领导所代替"。

21世纪以来，西方关于治理理论的论述在中国得到了发展，主要体现在学者俞可平主编的论文集《治理与善治》中，由此国内学术界展开了关于社会治理的研究与描述。在此基础上，有的学者从运行意义出发解释，所谓"社会治理"就是"治理社会"，是特定的治理主体对客体的管理。

治理理论主要包括全球治理理论、民族国家治理理论和地方治理理论。当代治理理论出现了一些新情况，一是当代治理的载体发生了变化，不再局限于单一主体；二是当代治理运动是社会组织转型与发展的必经之路；三是多中心治理结构的形成和社会网络组织体系的构建是当代治理运行的制度结构与组织基础；四是探索治理结构的过程就是寻求新型国家与社会之间关系的过程。因此当代治理也意味着国家与公共关系的再调整等思想。通过治理理论的视角探索城市社区治理，主要是注重从社区的角度将社区根据不同的标准进行分类。

2. 多中心治理理论

美国学者埃莉诺·奥斯特罗姆（Elinor Ostrom）在《公共事务的治理之道》一书中讨论了传统公共事务治理的两种模式，即集权制和分权制。奥斯特诺姆通过对比研究集权制和分权制两者存在的缺陷，进一步提出多中心治理理论。奥斯特诺姆进一步阐释多中心治理理论是多元主体自主组织、自主治理，在治理公共事务的过程中能够拥有平等的地位和权利。多中心治理理论研究学者批判传统的"国家—社会"二元对立的观点，认为在进行公共事务的治理过程中，其治理主体不是单一的而是多元的，其治理目标主要是实现互利共赢，所有行为主体既要保证其合法利益，又要学习协调合作达到双赢。多中心治理理论改变了过去城市社区治理由政府作为单一治理主体的结构现状，相比之下，弱化了政府绝对主导的地位，而使公共权力的分化更有针对性。

多中心治理理论的特征主要包括以下几点：首先从主体上看具有多元性；其次从权责界限上看具有模糊不定性，我国多元主体受到单元制解体的影响，在此理论建立之初，其多元主体多有交叉职能的现象；最后，多元主体之间相互依赖。

作为治理理论衍生的产物，多中心治理理论也带有局限性。一方面，基于西方国家的治理情况而提出的理论并不能完全适用于中国城市社区治理，其差异在于西方国家探讨的社区有着清晰的职能边界，各主体间能够保证相对独立性；另一方面，我国城市社区治理结构也逐渐从一元转变到多元。

3. 结构功能主义

结构功能主义是 20 世纪西方社会学最重要流派之一，其代表人物是塔尔科特·帕森斯（Talcott Parsons），他认为结构服务于治理主体的功能，社区治理结构成功与否取决于治理主体所起的功能作用。在《社会行动的结构》中，帕森斯一方面提出社会具有整体性，社会内部的各部分以有序的形式组合在一起；另一方面又提出了行动理论，认为行动首先预设了行动者必定根据手段和目的来引导自己，但行动只有根据超个体的规范和价值才会有方向。帕森斯也试图表明，某些机制的功能是在一个社会系统中创造一种平衡。比如说，在微观层次上，角色分化必须被理解为一种试图解决系统问题的努力；在宏观层次上，则存在一种相应的功能分化（文化、政治和经济被看作子系统）。社会就以这些子系统来处理社会的、规范的整合问题等，因此，分析城市社区治理中结构与多元主体功能之间的耦合关系是有必要的。

二、基层社会治理结构

（一）基层社会治理结构的概念

1. 乡村治理结构

乡村治理是一个动态过程，其现实基础是国家和社会共同作用形成的公共权威，目的是实现对乡村社会的调控和治理。乡村治理的目的是实现一种良好和谐的乡村秩序，实现途径在于通过多种相互依存的治理主体，以"协调""参与"和"谈判"等合作方式来解决矛盾。乡村治理主体主要有政府、公民和社会组织等，治理的过程是合理解决社会问题，治理的目的是促进社会向好发展。关于乡村治理结构，专家学者们有几种不同的认定形式，有的学者从"三治融合"的角度出发，认为村民自治是"体"，法治和德治是"翼"，以此形成了"一体两翼"的乡村治理结构。有的学者根据"多中心理论"出发，认为乡村治理结构是政府、农村、市场等多元主体之间的角色地位和互动关系，由此形成多中心乡村治理结构。有的学者认为，我国乡村治理结构一直处于动态变迁状态，在乡村振兴战略背景下，乡村治理重心下沉至村级组织，治理结构变迁为多元主体共享共治，形成了以村党组织为核心的"一核多元"乡村治理结构。无论乡村治理结构的定义如何，都具备一些共同的特征：一是在乡村治理结构中，农民被认为是治理结构最为重要、最为直接的服务对象；二是无论是"多中心"还是"一核多元"治理结构，普遍认为多元主体共享共治结构是乡村治理结构优化的发展趋势；三是虽然在不同历史时期对乡村治理主体的界定有争议，但普遍认为治理中心要下沉至村级组织，要明确村级组织治理主体的角色定位，促进各主体自身发展，处理好各主体之间的关系；四是乡村治理结构优化要围绕"三治融合"进行，"三治融合"治理体系是乡村治理结构优化的根本保证和目标导向。

2. 城市社区治理结构

在学术研究中，城市社区治理通常被分为三个层面，分别是社会结构、权力结构以及结构功能主义。其中社会结构论的代表学者是马克思，他从宏观、中观以及微观三个层次建构社会结构，在他看来社会结构以社会结构的构成社会要素为起点，而这些构成要素之间能够产生相应的关系，是具有关系性的。因此，要弄清楚社区治理结构的内涵，应当先了解社会治理结构要素的构成成分。这里以微观层面即社区内部，认为城市社区治理结构包含基层政府、社区党组织、居民委员会、物业管理公司等多元主体，其目的在于根据各主体间的功能定位共同治理社区公共事务。城市社区治理结构，顾名思义，即城市社区各多元主体共同治理社区公共事务的协调合作形式。

（二）我国基层社会治理结构

1. 我国城市社区治理结构

改革开放以来，即使部分城市社区已成功转型，但仍存在各种各样的城市社区治理结构。因此，根据政府与社区自治组织之间的关系，即行政与自治的关系，同时根据这两个治理主体力量的强弱，我国现行城市社区治理结构主要分为三种类型，分别是行政主导型社区治理结构、自治力量主导型社区治理结构、混合型社区治理结构。

第一，行政主导型社区治理结构。在这种结构中，政府主要起引导作用，其职能指向也非常明确，其他主体则主要起辅助作用。在我国，行政主导型社区治理结构的典型代表是上海模式。其主要特点是在城市社区治理中，基层政府通过投入人力、物力与财力对社区进行管理，与此同时，政府也具有规范社区行为的职责和功能。其优点表现在通过直接管理社区公共事务，在短时间内高效地治理社区。

第二，自治力量主导型社区治理结构。在这种结构下，城市社区公共具体事务主要通过自治的形式处理，而政府下放一定权力，主要起到规范的作用。在我国，沈阳模式被认为是自治力量主导型社区治理结构。这种结构的主要特点在于社区中大量的具体事务由非营利性组织承担；社区服务类型多样且内容相对全面；居民自治能力强，参与程度高。

第三，混合型社区治理结构，也常被称作合作型社区治理结构。在我国，江汉模式被认为是一种政府与社区自治组织共生双赢的社区治理结构。在社区治理过程中，政府与社区自治组织共同治理社区的公共事务，政府提供资金支持，而社区自治组织则保证社区正常运转。在这种结构下，政府与社区自治组织各执其能，在各自擅长的领域发挥作用。政府职能明确，依法行政，而强有力的社区自治组织和公益团体又能够积极调动居民参与社区治理的积极性。但由于强调这两者之间良好关系的建立，在许多情况下，如果处理不好政府部门与社区自治组织之间的关系，就有可能出现职能不明或相互推诿的现象。

2. 我国乡村治理结构

我国乡村治理结构主要分为三种类型，分别是村民委员会主导型治理结构、村党组织主导型治理结构以及基层政府主导型治理结构。

第一，村民委员会主导型治理结构。在乡村治理过程中，村民委员会起着主导作用，管理大部分乡村事务。在这样一种结构下，村民委员会的工作职责主要是负责协调其他多元治理主体之间的关系、促进乡村集体发展、开展各项村集体事务活动、监督落实民主决策事项等。

第二，村党组织主导型治理结构。主要是以村党组织为主导协调其他治理主体，共同管理乡村事务。其工作内容主要是引导村民进行民主决策、开展各项村集体活动、宣传党和国家的方针政策等。在这种结构下，通过党组织的桥梁作用，人们可以建立起政府和村民自治组织之间的联系，主要体现在以下几个方面：首先是能够更好地贯彻落实政策；其次是可以向政府争取提供资金等方面的支持；最后是能有效协调各组织之间的关系，例如政府与村民委员会之间、村民委员会与集体经济合作组织之间的关系等。与此同时，现实也要求村党组织应该不断强化能力和自身建设，才能够得到村民委员会的拥护。

第三，基层政府主导型治理结构。乡村治理的主导力量是政府或政府工作人员，其工作包括引导村民进行民主决策、开展各项村集体活动、监督落实村内决策事项等内容。这种结构的优势在于上级的政策和方针能够及时通过政府主导力量正确传达，并且政府在处理乡村事务时往往能做出相对科学的决策。

第二节　基层社会治理模式

一、基层社会治理模式的概念

模式，简而言之是一种方式或一种理念，通常是指解决某一问题的经验总结，这些经验经过不断累积以及反复实践，上升到理论层面，形成了一种可以有效解决相同问题的普遍依据。基层社会治理模式，顾名思义，即基层政府在治理基层社会公共事务的过程中，不断总结有效且意义深远的经验、管理方式等，形成一种具有普遍性、共通性的基层社会治理方式或基层社会治理理念。

二、我国基层社会治理模式

（一）我国城市社区治理模式

改革开放以来，各地在大力发展经济的同时，一方面高度重视基层社会治理工作，在城市社区治理机制创新方面涌现出上海模式、沈阳模式、江汉模式以及深圳模式等实地经验；另一方面随着城市化进程的加快，各地在土地流转、农民集中居住的基础上，农村社区也形成了诸如青岛模式、江西模式、秭归模式、成都模式等具有代表性和创新性的治理模式。下面简单介绍：

1. 上海模式

20 世纪 90 年代末以来，上海市政府对居委会"回归本性"的发展方向给予了高度重视，开始从行政和政治两个方面来建设和发展居委会。1995 年，上海市政府在城市管理体制上进行了创新，提出城市管理体制应该呈现出"两级政府、三级管理"的模式。1996年，上海市政府颁布《关于加强街道、居委会建设和社区管理的政策意见》，该文件中重点推出了上海市街道社区管理模式，在这样一种社会管理模式中，以街道党工委和办事处为主导力量，以街道办事处所属区域为社会管理范围，协同各个部门、组织和机构共同参与到社会管理进程中。其中还提出了街道社区管理模式的价值取向，即在街道层级上整合政府权力，逐次强化居民自治的价值取向。上海模式的特征可概括为以下几点："街道社区""整合权力""剥离职能"和"横向协调"。上海模式的制度创新主要体现在以下十个方面：一是社区建设与社会动员。二是议事机构与民主参与。在居民委员会设立相应的议事机构，坚持民主原则，代表民意承担出谋划策以及监督的职能。社区议事机构的设立，不仅使居民委员会的地位合法化，也着重强调了居民委员会工作的目的。三是队伍建设与自治活力。上海市各街道在20世纪90年代后期有意识地调整了居委会干部的结构，逐步把培养、培训居委会干部全面提上议事日程，并努力使其制度化。四是中介组织与功能转型。五是三位一体与综合管理。六是协调机制与资源整合。七是财政能力与自治基础。八是支部建设与政治领导。九是居务公开与民主监督。十是直接选举与群众自治。

2. 沈阳模式

在社区治理中，沈阳市选择了不同于其他城市的社区治理模式，主要是以社区组织为主导的"社区组织自治模式"。所谓"社区组织自治模式"指的是社区治理主体主要是居民生活自治共同体，它强调社区组织的自治功能。这种模式的特点主要体现在：第一，沈阳模式的治理主体是"自治共同体"，"自治共同体"的构成主要是以共同利益为基础，以认同感和归属感为核心。"自治共同体"的作用是要培育社区居民的自治能力，突出居民自治功能。从区域上看，社区处于"小于街道办事处、大于居委会"的范围。第二，沈阳模式具有"议行分设"的特点。实行议行分设的目的是创新社区组织体系与社区治理结构，在"沈阳模式"中社区组织结构主要由社区党组织、社区成员代表大会、社区委员会以及社区协商议事委员会构成。第三，沈阳模式建构了"邻里网络"。从2000年开始，沈阳取消社区委员会下设的各类工作委员会，同时创设居民协会，促进社区居民自治。第四，沈阳模式具有"分权让利"的特点。沈阳市赋予社区组织自主权，更进一步明晰了政府组织与社区组织之间所承担的职责。其中，社区组织自主权包括了社区委员会委员的选任权与罢免权、社区事务决策权与管理权以及社区财务自主权等，这些权力的赋予也使社区自治成为可能。从沈阳模式的特点中我们不难发现其社区治理的改革思路，通过对地域的划分，提升居民对社区的归属感，以此为基础提高居民的综合素质、社会文明程度等。沈阳模式在党和政府的引领下，协同社会各方力量，将社区打造成了一个具有区域性特点的，与此同时实现居民自治的"小社会"。实行居民自治，可以保证社区居民对自身的教育、管理和约束，建立一种共居一地、共同管理、共促繁荣、共保平安、共建文明、共求发展的社会化自治管理的运行机制。

3. 江汉模式

江汉模式也是一种社区自治的社区治理模式，不同于沈阳模式，江汉模式强调行政与自治之间的关系互补平衡，既强化政府角色功能，也强化社区组织的自治功能，既要利用行政资源，又要利用社会资源。在这样一种社区治理模式下，以社区自治为方向，通过制度变迁，形成行政调控机制与社区自治机制相结合、政府力量与社会力量和谐互动的模式。江汉模式的政策主张主要表现在试图让行政功能与自治功能形成互补，提高行政效能的同时，也培育社会自治组织的能力。江汉模式的特点可总结为以下几个方面："政社分离，政府分层""强化两头，弱化中间""权随责走，费随事转""各具特色，形式多样"。从江汉区社区建设目标模式的需要上看，江汉模式是强调居民自治、上下联动、配套改革、整体推进的社区治理模式。总结江汉模式的成功经验，其一是重新定位社区，选择社区治理模式的运作平台；其二是重新构建社区内部组织结构，即社区成员代表大会、社区协商议事会与社区居民委员会，同时建构社区党组织，试图创新社区自治组织和运作机制；其三是明确社区内部多元主体的关系，建立一个可以动员社会力量、整合社会资源的社区网络；其四是明晰社区居民委员会与街道办事处之间的关系，界定两者之间的工作职责与角色功能，以此保证社区居民委员会的自治性；其五是确定社区居民委员会与区政府部门之间的关系，主要是界定社区居民委员会与区政府职能部门之间的功能定位，使社区治理模式更为具体化。最后是建立社区自治的财力支撑体系。

4. 深圳模式

深圳不仅是我国社会主义市场经济的试验田和经济体制改革的桥头堡，而且是我国基层社会治理机制创新的前沿阵地。近年来引领我国城市社区治理机制创新潮流的深圳模式，实际上是深圳"盐田模式""南山模式""福田模式""桃源模式""南岭模式"等一系列社区治理模式的概括与总称。这些社区治理模式本身也各具特色：如宝安区的"桃源模式"，注重发挥民间组织，尤其是物业公司在社区治理中的作用；龙岗区的"南岭模式"，是农村城市化社区自主治理的成功典范；福田区的"莲花北样本"，作为深圳建市后建立的首个公务员大型社区，以其"万能物业管理"经验以及社区保障工作闻名。

"盐田模式"的主要内容包括以下几个方面：第一是社区居民委员会全部通过直接选举产生；第二是社区居民委员会与股份公司处于完全分离的状态；第三是理清行政与自治之间的关系；第四是鼓励多元社会资源共同参与到社会治理当中；第五是强调议行分设的理念；第六是选聘社区工作人员同时进行；第七是在"一会（分）两站"的基础上实行"精细化"社区管理；第八是采取社会工作制度、政府采购制度，保证社区公共服务的供给。

在全面推进和谐社区建设的过程中，南山区的社区建设与盐田区的社区建设不同之处在于，更加注重党和政府对社区的整合力量，推动社区内部人民民主制度的发展与完善。

具体来说,南山区的基层社会治理创新体现在三个方面:一是以社区党建的"三个全覆盖",创新党组织对基层社会的领导方式,实行社区党组织的全覆盖、社区党员管理和服务的全覆盖、党员在社区建设中作用发挥的全覆盖。二是充分发挥人大和人大代表的作用,以国家力量嵌入民间社会(如招商街道)的方式与政府主动吸纳(南山街道月亮湾片区)模式相结合来密切联系社区群众,及时化解基层社会中的矛盾。三是以构建和谐社区评价指标体系创新社区治理机制,即以"六好、十无、两满意"为基本内容,构建和谐社区的三级评估指标体系。

"南山模式"的重要价值体现在三个方面:一是在党的领导和整合下,党委、政府、人大等正式的国家机关都参与到了社区建设中来,政协、工青妇、业委会和群众的自治组织等都被发动起来,形成了"一核多元"的社区治理体制。二是形成了党组织、公职人员、党员嵌入社会与民间力量被吸纳到体制内,彼此有机衔接与良性互动的"吸纳与嵌入格局"。三是把党的领导、人民当家做主、依法治国三者有机统一的治理思想寓于基层社区秩序建设中。

(二)我国乡村社区治理模式

近年来,我国农村村民自治开展得如火如荼,在各地村级治理实践创新的基础上,乡村治理模式以赣州、青岛、秭归、成都等地的治理机制创新为典型,现举例如下:

1. 赣州模式

近年来,江西省建立了多元主体治理的村落社区运行机制,以便民、助民、利民、安民、富民为主要目标,致力于建设党委政府领导、民政部门指导、村民委员会牵头、志愿者协会协同、社会力量支持、村民广泛参与的乡村治理模式。因此,江西省在乡村社区治理中试图从以下几个方面实现其主要目标,包括培育乡村村落的社区组织、促进乡村经济社会协调发展、扩大乡村社区的服务领域、弘扬乡村村落的社区文化、提升乡村社区的治安防控、美化乡村社区环境等。江西在全国最为出名、影响最大的新农村建设模式是赣州模式。因此由"赣州模式"提出的新农村建设运动就是要在创建好班子的基础上,以建设新村镇、开发新产业、教育新农民、设立新型经济组织为目标,从而实现农村新风貌。不仅如此,赣州模式还提出了"三清三改"的具体治理方式,即清路障、清垃圾、清污泥,改路、改水、改厕,以此作为农村治理的切入点和突破口。除此之外,赣州模式通过组建新农村建设理事会,发挥农民的主体作用,具体表现为建设基础设施及公益事业,例如由理事会管理建设资金、签订建设合同并督促工程进度等。这是赣州模式的最大亮点,在农村组建新农村建设理事会,其农村建设理事会成员通过村民自主选举推选,一般由村里有威望、有能力的党员、干部、工人、教师和青年积极分子等承担。通过这样的方式，不仅能够实现村民的自我管理、自我教育、自我监督、自主服务、自主实施，还能在较短的时间里有效改善农村面貌，改善农村基础设施，最大限度调动农民群众的积极性和创造性。

2. 青岛模式

青岛市农村社区建设中的社区定位在自然村这个层面上，而生活在自然村的人们所组成的共同体即是青岛市所定义的农村社区。加强农村社区的民主政治建设，建立完善的社会参与机制、工作机制以及管理格局是青岛市农村社区建设的重点。青岛模式的主要内容包括以下四点：首先，抓好四类组织建设：第一类组织建设即加强和改善农村社区党组织建设，由农村社区党组织引领健全功能完善且有序运转的农村社区组织体系；第二类组织建设是农村社区村民自治组织建设，将民主自治作为农村社区治理的目标；第三类组织建设是农村社区民间组织，民间组织在推进农村社区建设，特别是在民主政治建设以及农村经济建设方面能够起到一定的积极作用；第四类组织建设是农村社区群团组织建设，如果要完善农村社区建设管理的格局，农村社区共青团和妇联组织具有不可忽视的作用。其次，确立党委领导、政府主导、民政牵头、部门配合、两委主办、社会协同、村民参与的农村社区治理模式。再次，农村社区建设还应当有多层次的人力资源支撑，除了村"两委"成员，农村社区治理还应当有比如社区专业工作者、志愿者、群众等其他治理主体共同参与。最后，建立网络化的农村社区社会参与机制，要建立党政机构、企事业组织、社会团体甚至包括国际慈善、基金组织广泛参与的农村社区建设参与机制。

3. 秭归模式

在村级自治体制改革中，秭归模式的特点在于撤销当地的村民小组，重新建立由"村民委员会—社区理事会—互助组—农户"四驾齐驱的新型村民自治组织结构，根据地域相近、产业趋同、利益共享、规模适度、群众自愿的原则，创新农村社区治理模式。另外，秭归模式在基层党组织的设置上，也进行了一定的改革创新，形成了"村级党组织—产业党支部—功能党小组—党员中心户"这种从上至下的基层党组织设置模式，产业党支部、功能党小组在村级党组织的领导下开展各项农村社区工作，同时也能够完成党组织自身建设的各项任务。"秭归模式"中基层党组织的设置主要是根据村内各产业散布区域，进行划分，设立产业党支部，再依据社区发展方向、主导产业和党员特点等下设党小组，在党小组内又成立党员中心户。

4. 成都模式

近年来，成都是继深圳后较早全面推行"居站分离"与"一站多居"社区治理机制改革的城市。在社区治理机制创新实践过程中成都高度重视社区文化建设、新社会组织培育，特别是在旧城改造和房屋搬迁安置过程中创造了"模拟搬迁"模式。作为国家统筹城乡综合配套改革的试验区，成都市在城乡一体化建设进程中，以村民议事会为突破口，以村级公共服务资金的使用为"抓手"，在调动村民参与村级公共事务治理，撬开村级民主的过程中形成了村级多元合作治理的成都模式，并以此为基础，广大农村（涉农）社区因地制宜，践行彰显村民当家做主的成都"公民治理"模式，不仅具有典型意义，更具推广普及的实践价值。

各地在基层社会治理体制机制创新方面虽然积累了一些成功经验，但与基层社会治理体系和治理能力现代化的要求还有一定距离。

三、国外社会治理模式研究

（一）美国基层社会治理模式

1. 美国基层社会治理模式：多元主体共同参与

美国城市社区治理相对来说十分完善，体现在能够通过多元主体的力量推动城市社区治理的发展。在美国，治理主体包括社区委员会、非营利性组织、地方政府以及社区居民等，每个治理主体的角色功能定位十分明确。

美国地方政府的主要职责与我国差别不大，主要是制定相关政策、制度、法律法规，提供公务服务，促进社区和谐稳定等职能。在美国城市中拥有行政权的是市长，在城市社区治理过程中主要承担维护城市的稳定和发展，协调各方共同参与治理，制定相应的规范性文件约束与监督其他组织，提供资金预算等工作职责。为有效建设和发展城市社区，市政府在每个社区中都会成立社区服务局。社区服务局被视为政府与社区的连接桥梁，将政府所提供的公共服务下放到社区里，更好更有效地解决城市社区中的矛盾与冲突。

社区委员会是美国的基层自治组织，类似我国的居民委员会，但功能上、产生方式上存在些许差别。美国将城市体量与人口数量作为成立社区的基础，因此，一个城市往往存在多个社区。为更有效、精准治理城市社区，每个社区都会设立一个社区委员会。作为城市社区治理的核心机构，社区委员会的资金预算不完全来源于政府，而主要是来源于自筹，因此社区委员会的成员是没有工资福利的。社区委员会中的成员包括委员和主任，委员是通过社区选举产生的，而主任是由政府任命聘用，负责所有相关社区治理工作。社区委员会的成员不仅要求是当地的居民，还应当具备一定的其他条件，要满足其中一个或多个条件才能够参加选举并当选。这些条件包括有一定声誉、工作经验丰富或对社区有过巨大贡献等。社区委员会的工作内容主要有以下几点：第一是根据社区实际情况制定发展目标及内容，协助其他组织团体制定社区服务计划；第二是处理社区日常工作；第三是开展社区各项活动，例如福利工作等；第四是向上级申请资金预算，同时监督与管理资金花销情况；第五是监督社区相关工作的开展，提出相关建议。

非营利性组织，区别于营利性组织、政府组织，又常被视作"第三部门"。美国的宪法规定非营利性组织直接设在城市，具有一定的设立条件，包括：设立目的以及经营目的必须是不带任何营利性的；工作内容必须是为公众服务而不是为公众谋取利益的；非营利性组织不得参与任何竞选活动，而且也不能影响国家以及各州的立法程序，必须满足以上三个条件才能够成功成立一个非营利性组织。与营利性组织、政府组织不同的是，非营利性组织是美国承认的正规的、志愿成立的第三方组织。由于非营利性的特点，为维持组织成功运行，其资金来源主要是通过政府部门或者其他公司企业的捐赠。非营利性组织的主要职责就是为社区居民提供服务，解决社区中绝大部分的冲突与矛盾，概括性总结就是直接服务与中介服务，主要包括：首先作为政府与社区的沟通桥梁，试图将政府、社会、企业紧密联系在一起，具体表现在能够直接将社区群众的意见、诉求等反馈给政府，提高社区工作效率。其次起着政府政策宣传作用，及时将政府最新政策传达到社区群众心中。非营利性组织的存在，一方面极大帮助与分担了政府所不能完善的公共服务，有效地利用了政府提供的资源治理社区；另一方面改善了美国社会的就业问题。为使非营利性组织在社区治理过程中行之有效地运作，美国政府也推出了相关政策支持培育和发展非营利性组织，例如可以享受税收优惠政策等。

2. 美国社区非营利性组织运作机制

首先，美国社区非营利性组织根据服务类型划分大致有三种，即传统型社区服务机构、政府扶持培训类服务机构、面向家庭服务型机构。所谓传统型社区服务机构就是无须收取任何费用就能提供给公众一定的服务。而政府扶持培训类服务机构，一方面不同于传统型社区服务机构可以不依赖政府资金支持，而是需要通过政府资助才能维持下去；另一方面，这种机构服务的类型主要是给予需要提供培训、就业咨询的公众一些帮助。面向家庭服务型机构，成员都是志愿者，具体管理也由志愿者进行；志愿者主要职责是解决家庭纠纷和矛盾，促进家庭环境的和谐，努力营造温馨良好的家庭环境。以上三种类型的社区非营利性组织基本包含了美国社区所有服务，不仅在一定层面上分担了政府庞大的社会管理工作，同时也极大地完善了社区治理的公共服务。

其次，非营利性组织的作用主要通过社会评价与社会裁断表现。所谓社会评价，比如消费者对其所消费的产品或者企业生产品进行评价；而社会裁断，就是协调社会中出现的各种矛盾与冲突。在社区治理过程中，非营利型组织作为社区治理的其中一个主体能够实现政治目的，例如利用政府所提供的公共服务和资源管理社区、站在公众的角度对政府行使的权力进行监督，收集公众相关意见和建议要求政府出台相应的公共政策，以此更好地保护公众的利益。

最后，美国社区非营利性组织的人员构成。其人员构成具体包括董事会、组织内部管理人员以及雇员，这些人员都具有固定性，不同的人员肩负着不同的职责，但又互相配合，共同完成相关工作。特别是董事会的作用在于不仅要确定企业的执行总裁，而且要根据实际情况明确组织的发展方向以及工作计划，同时也要监督组织开展相关工作。关于组织内部管理人员，他们作为社区治理工作的具体实施者，工作职责主要包括：其一，执行各项具体方案；其二，处理社区日常具体工作；其三，与其他关系组织保持良好和谐的关系；其四，拟定社区工作计划以及项目预算等。而雇员的工作职责相对来说单一，主要是协助组织开展各项社区治理工作。

通过非营利性组织这样一个载体，志愿者不断提升自己的能力和水平，更好地完成社区治理的工作，得到社区居民和政府的认可与信任；非营利性组织得到政府与企业的资金捐赠，不断地提升和完善组织水平与能力，不断与社区居民交流，获取更多信息与反馈，针对居民所提需求，及时提供更多的服务，更好地协助政府管理好社区，良性循环由此而生。

3. 美国基层社会治理模式的特点

首先，美国基层社会治理模式具有民主性的特点。美国社区的成立往往基于对当地实际情况的考察，收集当地居民的意见与反馈，根据这些意见与实地考察进行社区政策调整。特别是美国社区设立之初的必要条件是要通过当地群众的认可，才能进行社区相关事务。收集群众的意见调整社区政策和发展方向，不仅极大满足了群众的需求，而且城市社区的发展与规划也更有效地跟上了整个城市发展建设的进程。

其次，美国基层社会治理模式的参与主体多元化。美国社区治理主体包括社区委员会、非营利性组织、地方政府以及社区居民等。这种特点不仅使居民意见能够通过多种渠道得到反馈，也能获取很多资源。治理主体的多元化使各利益阶层的需要都能得到满足，更有利于保障社区的稳定和谐。

最后，美国基层社会治理模式强调法治化。在美国，法律具有至高无上的地位。针对社区工作，联邦政府颁布了一系列例如《国家和社会服务合作条例》《住宅与社区发展法》等相关社区治理工作的法律法规。地方政府为紧跟国家政策，也纷纷颁布地方相关法律，完善和规范社区服务工作、社区组织行为等，确保社区管理合法、顺利进行。

（二）新加坡基层社会治理模式

1. 政府主导的基层社会治理模式

新加坡的社会治理模式以政府为主导力量，协同其他治理主体力量共同参与。在新加坡，治理主体大致可以分成三类：政府系统组织、执政党系统组织以及社区组织。新加坡社会治理任务主要是由社会发展、青年与体育部这三大部门负责。而在基层社会治理中，新加坡的做法是下设人民协会。人民协会的主要职能有：一是引导居民积极参与社会治理；二是维护民族团结；三是壮大志愿者服务队伍；四是组织各项技能培训；五是改善政府与居民之间的关系。可见，在新加坡，人民协会的职能相当于地方政府，即使有相应的地方政府机构，人民协会依然承担了处理社会事务的职责，负责执行上级政府的相关政策。

为更好地维护基层社会治理秩序，便于对基层社会公共事务的管理，协助人民协会共同管理，社区委员会直接管理社区，主要职责包括开展利于社区稳定发展的各项活动、发放社会福利、营造良好的社区生活环境等。每个社区都至少有一个公民咨询委员会，因此，在社区组织结构中，其具有极高的威信和声望。公民咨询委员会又主要由三部分构成，包括基层领袖、志愿者和居民。在基层社会治理中，公民咨询委员会主要负责辖区内选择工作、监管工作以及收集并传达人民意见与需求向上级政府汇报等工作。

民众联络所，又称为民众俱乐部管理委员会。为对社区实行更精细化的管理，民众联络所以下又成立了许多专门的机构与组织，如妇女执行委员会、印度执行委员会等。它既不是政府机关也不是政治机构，但不仅人员构成主要是政府公务员，且运转资金也由政府部门提供。在新加坡，民众联络所共计 105 个，兼具服务范围广和服务能力高的特性。其主要职责有：一是建立居民与居民产生联系的场所；二是根据不同群体的需求，还负责组织各项休闲、文化等活动，不仅增强了社会凝聚力，而且有助于维护社会秩序，更有利于社会的稳定发展。

作为新加坡社区第二层级的组织，居民委员会相当于我国街道办事处下设的居民委员会。居民委员会的工作职责主要有：首先，促进社区和谐邻里关系。由于新加坡是移民国家，人口结构复杂，因此居民委员会还应当维护种族之间的和谐相处，以此增强社区的凝聚力。在新加坡的社区中往往出现了华人圈、印度圈等有别于其他组织的生活圈子。其次，居民委员会作为政府与居民之间联系的纽带，要协助政府开展相关工作，获取群众建议和意见上报上级政府，政府再经由这些信息更好地服务于群众。

在新加坡基层社会治理模式中，还有一个特别的组织就是市镇理事会，每个社区都有设立，并且由建屋发展局管辖和领导。其工作职责类似我国业主委员会，主要是管理、保护公共物业，维修、更换社区公共设备，收取物业管理费等。因此，公共组屋需要进行维修或管理公共设备时，要在专门的市镇理事会才能够进行，而非组屋住宅区设备的管理与维修则通过邻里委员会完成。此外，社区内绝大部分的公共事务也由市镇理事会负责。

这些基层组织作为服务社区居民的组织，往往通过建立多个具体部门，针对民众的需求来提供更加完善的服务。可以看出，新加坡基层社会治理模式主要是通过建立庞大的基层社区组织网络体系进行，特别是新加坡五大社区同时也是选区。为更有效、更直接地了解到民情，提高政党参选成功率，各个政党在各个社区都设立了一个基层支部，将所采集到的反馈意见反映到上级领导部门，并对群众做出相应回应。在新加坡基层社会治理模式中，由于传统的架构组织在治理公共事务的过程中仍然存在一定不足，人们发现传统的架构组织仍然不能顾及社会的方方面面，于是又组建了广泛、各式各样的社会团体，而这些社会团体也直接受人民协会的领导与监督。由此在社区中不断涌现出如选区体育俱乐部、少年网管委员会等社会团体，其成立目的非常明确，即调动社区居民积极性，使其踊跃参与到社区治理当中，实现对基层社会的切实管理。

2. 新加坡基层社会治理模式的特点

新加坡社会治理模式的特点是极其注重社会政策和社区工作的发展。在社区工作中，社区服务主要包括保护社区环境、管理公共设施硬件、组织社区活动以及大力开展慈善公益活动、维持社区治安等方面。由于建设社区活动场所的资金都是通过政府拨划的，预算资金多，也因此能够建设比较完善的社区基础设施。新加坡政府投入了大量资金用于建设如福利院、诊所、收容所等公共服务设施，更好地服务于社区居民。除此之外，为了不断完善社会组织机构，新加坡政府提出了"3P"的服务理念，所谓"3P"就是政府部门、私人机构以及群众共同参与治理。

值得一提的是，新加坡还建立了服务具体受众人群的组织机构，如家庭服务中心。这是因为新加坡人对家庭十分看重，在他们看来，每个家庭成员都有责任营造一个好的家庭环境，如果家庭或家庭中某个成员出现问题就应该及时解决。家庭服务中心，就是帮助广大新加坡家庭解决问题、提供服务的组织。也因为家庭服务中心的存在，新加坡社会治理模式呈现出了"公民—家庭—社区—国家"的四级社会服务网络，公共服务层层递进，覆盖整个社会，一定程度上促进了新加坡社会的稳定和谐，推动了新加坡社会的发展和进步。

3. 新加坡的基层社会治理经验

新加坡国土面积小、人口少，这样的国情也导致新加坡在社会治理模式上主要偏向了政府主导型。首先，在社会治理过程中，新加坡重视国民道德教育，因此不断弘扬核心倡导的五大价值观，即在国家层面上宣扬国家至上、社会为先的价值理念；个人家庭层面上，不仅要视家庭为根、社会为本，还要做到不仅关怀他人又要尊重个人的价值观念；社会层面上，为保障社会和谐稳定，当矛盾被激发时要尽量以协商的方式实现求同存异；弘扬民族和谐的价值观念。其次，新加坡在社会治理上体现出人文主义情怀，将人本身的需求视为社会治理重要部分。因此，在社会治理过程中，尤其是在政策制定以及执行的过程中，充分考虑人民的需求与利益，主要任务就是为民众服务，同时又做到合理优化公共资源配置。再次，制定相关法律与制度，有效改善和规范社会组织的行为。最后，充分利用科学技术。新加坡的经济发展水平较高，科技水平也位于世界前列，因此，在社会治理过程中，也常常将先进科技运用到治理当中。方便快捷的管理设备，不仅让政府的工作高效化，同时也让政府工作不断趋于透明，切实方便了企业与居民的日常生活，居民的诉求能够得到更快更高效的表达，社会稳定和谐运行。

（三）日本基层社会治理模式

1. 政府与社区居民组织合作的基层社会治理模式

在日本的基层社会治理模式中，政府主要起到提供经费、指导与规划相关工作的作用，日本社会管理环境相对来说是宽松的。在日本社会治理中，主要是通过总务省、町会或町会联合会、地域中心以及住区协议会等治理主体共同参与并管理社会公共事务。

总务省是负责建设和完善社区居民组织的政府部门，根据其建设和完善所需资金支持制定相当严格的计划与标准。在第二级行政机构中，开展社区工作主要通过町会或町会联合会。町会或町会联合会的人员主要是招募社区内的志愿者而来，并且对于志愿者，只要居民自己同意，并无太多明确的要求。町会或町会联合会的工作职责主要包括对青少年进行教育、收集社区居民反馈意见并向上级反映民情、保护社区环境和改善社区公共卫生以及维护社区治安等。

而在日本大城市中，社会治理则主要是通过地域中心来实现的。与我国的街道办事处相似，地域中心直接由政府管理，地域中心的工作人员也都隶属于政府部门。地域中心是以人口基数和城市区域面积而定的，因此每个城市的地域中心数量也不一样。每个地域中心根据区域人口来设置工作人员数量，也因此每个地域中心的人员设置数量都不尽相同。日本设立地域中心，其主要职责包括六个方面：一是提供社区公共服务；二是建设、维护与修缮社区公共设施设备等；三是协助社区区域内活动的顺利开展；四是收集社区居民的反馈并采纳相关意见以此改善社区治理过程中的不妥当之处；五是规划区域发展计划和建议；六是协同其他部门和组织共同参与到社区治理当中，确保社区公共事务的顺利开展，发挥自治组织的自治性作用。与街道办事处相似，地域中心的设立目的是最大限度满足地域内居民的需求，改善居民的生活环境，提升居民的生活水平。地域中心保障公共服务顺利进行所需要的资金支持都来源于政府部门，其资金预算都严格按照一定程序进行。例如，日本社区每年都将第二年所需要用到的资金预算上报到上级政府，只有上级政府经过讨论研究后并通过这笔预算，地域中心才能部署安排社区进行下一步工作。由于地域中心不像美国的社区服务组织是直接受政府领导的，所以，在某种程度上，地域中心的作用更像是搭建在上级政府和居民之间的桥梁，改善了上级政府与居民之间的关系。但地域中心在发展和管理的过程中往往需要兼顾两面，因此它只能代表一部分社区居民的意见，而不能完全兼顾社区居民的利益。

住区协议会，它作为地域中心的补充机构，是由公民完全自发组织建立的。住区协议会的工作职责主要包括：一是作为补充机构保障地域中心在治理社区的工作能够顺利开展；二是研讨区政府开展各项工作，并给出合理有效的意见；三是作为自治性组织代表广大社区居民的利益，对政策中与居民利益相悖、不合理之处提出相关改善意见；四是及时解决社区内部出现的问题、矛盾以及纠纷；五是社区协议会收集社区居民针对自身利益提出的相关诉求，并找到相应的解决方案，尽量满足居民的愿望，保障居民的利益；六是由于是群众自发性组织，因此其资金来源主要是社会筹资、团体捐助等。住区协议会内部还包括其他专业性的组织机构，它们紧密联系在一起。而日本政府为了培育、壮大这些专业性组织和机构，制定了相关政策，并进行经费支持，使各组织之间能够成功配合开展政府工作，与此同时在各主体协同治理社会过程中，促进经济发展、推动社会进步。

2. 日本基层社会治理模式的特点

日本基层社会治理是通过多元混合主体共同治理社会，其模式包括地域中心、住宅协议区等。这两者的区别在于隶属单位不同，地域中心由政府直接管辖，而住宅协议区则是社区群众自发组织建立起来的，因此是行政与自治相结合的混合型社会治理模式。混合型治理模式让行政意义上的地域中心和自治意义上的住宅协议互相合作、取长补短，共同治理社会公共事务，促进社会的稳定和谐发展。

日本社区管理中充分体现出人本主义的治理理念。由于日本是个岛屿国家，非常容易受到地震、海啸等自然灾害的影响。为尽量使自然灾害的影响最小化，日本社区专门设立了救灾应急机构，与此同时在如商场、超市以及学校等公共区域也都准备了相应的灾难提示和应急设备，并且定期向社区居民进行宣传与培训。针对社区内部需要关怀的居民，也尽量充分考虑他们的意愿，满足他们的需求。

第二章 社会治理理论基础与基层社会治理的形式需求

第一节 新时代社会治理的理论基础

近年来，我国社会治理领域发生了深刻变革，展现出一系列理论、制度和实践创新。明确"社会治理是国家治理的重要方面"，树立"以人民为中心"的社会治理理念，将新时代社会治理的最核心目标设定为构建和谐社会、建设平安中国，打造共建共治共享的社会治理共同体，夯实以民生保障制度和社会治理制度为主线的社会建设制度，完善社会治理体系，推进市域社会治理现代化，优化基层社会治理格局，涵养社会治理核心价值，加强系统治理、依法治理、综合治理、源头治理等。可见，新时代社会治理要求与国家与社会关系理论、基层党建理论、治理相关理论、社会治理共同体理论等重要理论观点相契合。下面主要探讨新时代社会治理的理论基础，以期引导党员干部深入学习贯彻习近平新时代中国特色社会主义思想，扎实推进新时代街道和社区治理服务创新，扎实推进城乡基层党建创新发展，全面提升党建引领基层治理水平。

一、国家与社会关系理论

国家与社会二者之间关系的讨论由来已久，伴随市民社会的出现，国家与社会先前的一体状态被打破，开始走向二元分离，形成了国家中心主义、社会中心主义、国家—社会合作主义等代表性理论，并在此基础上，分别提出了构建"大政府—小社会""小政府—大社会""强政府—大社会"的社会治理体制。国家中心主义理论以国家为主导，强调行政权力对社会的整合与控制，在这种"大政府—小社会"的社会治理体制下，易导致公民参与意识不强、社会组织薄弱等问题。社会中心主义理论以社会为主导，强调社会的独立作用，主张行政权力向社会转移，充分发挥社会自治。国家—社会合作主义理论关注到了国家与社会之间的利益耦合，倡导国家与社会之间的衔接、互动，需要多元化社会治理主体之间的相互协作、相互制衡，构建起平等协商的合作伙伴关系，这种合作伙伴关系也正是现代社会治理发展的新趋势。

　　鉴于新时代利益矛盾更加复杂、社会问题更加突出、治理风险越来越大的现实，必须要摆正国家与社会、政府与市场的位置，重新审视、理顺国家与社会、政府和市场之间的关系，创新社会治理体制，引入多元社会力量参与治理，并确定国家在多元化社会治理主体中的中心地位，才能更好地适应新时代新形势，发挥中国特色社会主义体制优势，推动国家治理体系和治理能力现代化建设。

二、基层党建理论

　　党的建设是一项系统性工程。从横向来看，它包括党的思想建设、组织建设、作风建设、制度建设和反腐倡廉建设。从纵向来说，它包括中央组织党的建设、地方党组织的建设和基层党的建设。基层党的建设主要由党员队伍建设和党的基层组织建设两个方面组成。其中，党员是党的细胞，党的基层组织是党在社会基层组织中的战斗堡垒，是党的全部工作和战斗力的基础。由此就决定了基层党建在党的建设新的伟大工程中所处的基础性地位。

　　当前，仍有部分党员干部没有充分认识到基层党建工作的重要性，没有将基层党建工作落到实处，不愿意投入过多的人力、物力去完善党建工作机制，导致基层党建工作流于形式、漏洞百出，影响其实质作用的发挥。"打铁必须自身硬"，新时代加强基层党建工作需要党和人民群众的共同努力，扎根于人民群众，面向群众，以为人民服务为己任，适应时代发展的需要以及人民群众的需要，不断更新党建工作内容，激发基层党建工作活力。

三、治理相关理论

　　治理理论的兴起源于 20 世纪后期西方国家出现的严重政府管理危机，人们开始认识到作为新兴力量的非政府组织和公民群体对于弥补市场机制弊端和政府功能失效的重要作用。在此背景下，治理理论作为一种既强调发挥政府功能，又重视不同社会组织之间相互合作、共同管理的方式和理念逐步成为西方学术界探讨的理论热点。美国学者詹姆斯·罗西瑙（James N. Rosenau）所著的《没有政府的治理》一书中收纳了多位名家的经典著作，并将治理的内涵扩展性地提炼为"治理是指各种活动领域内没有获得正式授权却能够充分发挥作用的管理机制"。英国著名地方治理研究专家格里·斯托克（Gerry Stoker）教授指出"治理的本质在于它并不依靠政府的权威和制裁"，表明治理意味着一系列来自政府但又不局限于政府的社会公共机构和行为者，它们将与政府进行合作，分担政府的行政管理责任。在英国学者罗伯特·罗茨（Robert A. Rhoads）看来，治理是将市场激励机制和企业管理手段引入政府公共服务以及政府与民间、公共部门与私人部门之间在信任与互利基础上建立起的社会协调网络。而中国的治理特色和优势在于拥有强有力的政党组织领导和动员系统、高效的政府执行系统、有效的中央协调系统，这样的制度安排在集聚力量、发挥国家整体效应、促进政府积极作为、实现国家集体意志方面，具有明显功效。

协同治理承认市场主体、社会主体的自主权，跨界治理通过包容利益相关者的协作平台进行运作，有关各方在对话、协商、承诺和共识的基础上进行集体决策，各方依据合约采取协同行动，实现治理效能最大化。协同治理不是应用多年的老传统，而是一种新的公共管理模式，由管理者和各利益相关方通过合作治理协同参与到实践管理中，它对于组织间的成功协作具有重要价值，有助于实现治理主体的多元化，最大限度地维护和增进公共利益。协同治理有以下五大运作机制：一是对话机制。要求将直接利益相关者纳入集体论坛，通过面对面的对话，促进信息交流和社会互动，保障跨界决策更加审慎、透明和负责。二是信任机制。要求在利益相关者之间构建信任机制，通过协商谈判促进一致意见。三是承诺机制。要求通过最基本的规则和原则性规定，为达成共识提供互惠性规范。四是互惠机制。多元主体之间的不断重复博弈能够鼓励互惠性规则的发展，人与人之间彼此信任，更容易带动集体行动。五是共识机制。通过集体对话和协商，多元主体对集体行动的具体方案逐渐达成共识，形成集体决策并组织执行。

整合治理形成于国家治理从"总体性支配"转向"技术治理"的改革进程之中，依托政府的主导地位，通过政策手段和工具对社会中的多元主体及其掌握的资源进行跨界整合，形成一种隐形控制机制，实现地方发展和社会稳定。具体而言，主要体现在以下五方面：一是需要由行政部门主导，通过对从事某些业务活动或职业应当具备的基本要求进行审核并予以认定，以增进市场主体、社会组织的责任感和配合政府的工作意识；二是需要实现政企合作，由政府为企业及社会组织的发展提供土地使用权、优惠政策等必要的资源支持，帮助其降低生产经营成本，从而在竞争中占据优势地位；三是通过提供一定的体制内身份或荣誉来吸纳社会精英进入人大、政协等体制内单位，在更大范围内凝聚共识，化解和消除分歧，促进政府与社会合作；四是巩固党的执政基础，将党群系统嵌入"两新"组织之中，形成对非公领域的整合手段，增强政治动员能力，更好地维护社会稳定；五是推进公私合作（PPP）运作模式，采取合同外包、特许经营、财政补助等形式引入企业运行公共服务项目，以提高公共服务供给效率和财政资金使用效率，更好地满足公众需求。实践中，政府运用资格认定、资源支持、精英吸纳、党群嵌入及项目合作的"五位一体"整合治理模式实际上强化了对社会的隐形监管和控制能力，逐渐成为公共治理的新形态。

四、社会治理共同体理论

"共同体"意味着成员之间主体地位平等、决策程序民主、资源配置公平、结果共享正义，体现的是以人民为中心的发展思想，标志着当前中国社会治理将迈向党委、政府、社会、公众共同治理的新局面。"人人有责"是意识层面的要求，需要政府转变观念，社会治理不仅仅是某一个部门、某一个人的事情，应更多地相信人民群众、依靠人民群众的力量，并让人民群众认识到参与社会治理的主体地位和责任义务。"人人尽责"是行动层面的要求，需要政府给予社会组织、社会力量和人民群众更多的信任支持，最大限度调动社会治理主体的积极性、主动性、创造性，运用智能化、大数据等多种方式和手段为推进基层社会治理现代化尽责。"人人享有"是价值层面的要求，要突出人人参与、人人受益、人人满意的价值取向，需要政府不断完善公共服务相关制度，比如低保、养老、医疗等，同时，有效化解基层社会矛盾纠纷，平衡各方利益，让人与人之间的关系更加和谐。

建设社会治理共同体是新时代社会治理的新目标、新任务，其中最关键的就是要靠党建引领。党的领导是中国特色社会主义的本质特征和最大优势，要充分发挥党组织在政治、思想、组织等方面的核心引领作用，通过建立更全面、更有效的党委、政府与社会力量凝聚合作的体制机制，更好地发挥基层党组织横向联动整合社会资源的功能。其次，就是要靠制度保障。将推进社会治理体系和治理能力现代化的一些重要安排和战略部署以制度的形式固定下来，为建设社会治理共同体提供根本遵循和方向指引，将制度优势转化为治理效能。最后，还要靠执行落实。基层各街镇、社区是社会治理的主阵地，也是人民群众最能切身体验到美好生活的空间，需要政府下沉工作重心，综合运用治理手段，提升社会治理的能力和水平。

第二节　当前基层社会治理的形式与需求

近年来，随着社会需求结构和利益结构的快速分化，传统的以行政体系为主要依托的基层公共服务体系和社会矛盾化解体系已越来越难以应对，基层治理体系将长期面对如何有效供给多层次公共产品和协调社会多元利益关系这两个新的基本挑战。在此形势下，势必需要更多地引入社会力量和市场力量，积极拓宽群众参与基层社会治理的范围和途径，丰富其内容和形式，形成多元复合型治理结构，这从深层次上对基层治理的体制架构改革、政社关系调整以及相应的公共政策创新都提出了很高的要求。下面主要归纳介绍当前基层社会治理实践中存在的民主协商、社区网格、智慧治理、社会组织、三治融合等形式，并从组织角度、群众角度、能力角度和创新角度分析当前基层社会治理的需求。

一、基层社会治理形式

（一）民主协商

民主协商，重在协商，难在"真协商"。民主协商的本质是实现和推进公民有序的政治参与，社会主义民主协商是基层社会治理的一种有效方式，充分体现了尊重群众、了解群众和依靠群众。凡是民主协商的结果是基层群众的自我决定，自己说到就必然能够做到，这是基层民主协商的最大魅力。

浙江是基层民主协商的先发地，早在20世纪末就涌现出了以温岭"民主恳谈"、武义村务监督制度等为代表的民主协商的典型经验。新时期以来，又探索出以海宁市"信访评议团"、诸暨市陈家村"村规民约"、枫源村"三上三下"民主议事机制及诸暨市各级"乡贤参事会"等为代表的城乡民主协商的新途径、新经验，涉及城乡民主决策、民主管理和民主监督等诸多领域。这些创新和探索把民主协商与基层社会治理有机结合起来，始终坚持在党的领导下，不断挖掘社会主义协商民主的独特优势，形成了多元主体共同协商治理的有效机制，丰富了有事好商量、众人的事情由众人商量的制度化创新和实践。北京房山区南广阳城村是一个把基层民主协商做到极致却又非常低调的农转居小区，通过深入开展以居民会议、议事协商、民主听证等为主要形式的民主决策实践，以自我管理、自我服务、自我教育、自我监督等为主要目的的民主治理实践，以村务公开、居务公开、民主评议等为主要内容的民主监督实践，让群众成为基层社会治理的参与者、受益者，全面推进基层群众自治制度化、规范化、程序化，引导人民群众依法行使民主权利。

（二）社区网格

社区是党和政府联系、服务居民群众的"最后一公里"，连着千家万户，做好社区工作十分重要。社区网格化管理是一种以网格单位为基础、以信息技术为核心、以精细化管理为目标的新型城市管理模式，充分体现了社区建设的整体观和系统性思维，改变了过去传统、被动、定性和分散的管理，开始迈入现代、主动、定量、系统和信息化治理的新时代。推行网格化管理和服务，将网格化治理与社区党建密切结合，建立起以街道党工委、社区党总支、网格党支部为主体的党的基层组织体系和在党总支领导下的社区治理体系，为有效解决基层党组织"力量不凝聚、阵地不固定、作用不明显"等问题提供了新思路，能够为居民提供更方便的服务。

"红色网格"是浙江省金华市近年来推进党组织网格化管理、落实党员网格责任制以及提高"基层党建+社会治理"水平的一种实践探索。具体而言就是将街道分为若干网格，把支部建在网格上，由支部书记任网格长、驻村（社区）干部担任网格指导员，支委干部任专职网格员、党员任网格员，按照就亲、就近、就便原则，每名红色网格员联系5~10户群众，常态化开展基层的民生服务、矛盾调处、隐患排查等工作，形成以"小网格推动大党建、带动大治理"的工作格局。同时，在发挥基层党组织的核心引领作用的基础上，通过党建带群建以及建立街道大工委、社区大党委、区域党建联盟等，引导各类基层自治组织、群团、驻社区单位等在网格中发挥作用，确保群众服务在网格、问题发现在网格、责任落实在网格、矛盾化解在网格。陕西西安秦汉新城大力推行"党建网格化"管理模式，设置了"新城党委+党（工）委+党支部+党员中心户（党员示范岗）+有能力的党员"五级网格，从负责总体部署协调的一级网格长到负责具体细节执行的五级网格长，均明确责任、落实到人，确保社区基层党建工作无缝隙、无死角、无漏洞，在服务大局中更有力，在服务群众中更有效。

（三）智慧治理

科技支撑的重要性日渐凸显、前景广阔，是推动社会治理体系和治理能力现代化的必由之路。运用大数据、物联网、云计算、区块链、人工智能和5G等前沿信息技术推动城市管理手段、管理模式、管理理念创新，从数字化到智能化再到智慧化，能够促使新时代社会治理信息平台的优化、执行力的增强、治理效能的提升以及安全稳定的升级，最终实现通过科技支撑把国家治理的制度优势更好转化为社会治理效能的目标。

实践中，江苏省南京市建邺区积极探索信息化互联网时代党建引领基层社会治理的新路径——"五微共享社区"党群服务平台，其中，"微平台"开辟了党组织网上工作的"新阵地"，"微心愿"开启了居民表达诉求的"快车道"，"微实事"搭建了实施惠民工程的"投票箱"，"微行动"成为居民参与社区服务的"路线图"，"微星光"成为汇集先进模范的"光荣榜"。现代互联网技术在基层党建的运用，为推进社会治理现代化提供了科技支撑，实现了党建智能化与社会治理的深度融合。重庆迈瑞城投公司创造性地构建了集学习管理、考核管理、发展党员等为一体的智慧党建系统，深度开发官方微信公众号，基本形成了网络化、数字化、智能化、精准化的党建管理新模式，可实现对各项信息数据的融合及提取，对党建工作全过程进行智能统计分析，使智慧党建系统成为全面从严治党的工作平台、与时俱进的党员教育平台、联系服务党员的互动平台，实现基层党建引领、服务、分析、监督"四位一体"。

（四）社会组织

在当前党建引领基层社会治理的实践中，党与社会各类群体保持着紧密联系，引导和组织动员其他社会力量参与基层社会治理是大势所趋。要创新社会治理体制，激发社会组织活力，正确处理政府和社会关系，加快实施政社分开，推进社会组织明确责权、依法自治、发挥作用。要"发挥社会组织作用，实现政府治理和社会调节、居民自治良性互动"。这就为社会组织积极参与社会治理指明了方向，给社会组织发展带来了良好机遇，也为新时期社会治理注入了新的力量和形式。

上海市静安区社会组织联合会自 2007 年以来，整合区域内社会调处类社会组织资源，创设"社会维稳专业联盟"，通过提升专业服务和打造专业团队，聚焦化解社会矛盾和历史遗留问题，发挥了"社会协同"的重要作用，成为行政调解、司法调解的重要补充。其中静安区劳动协会人民调解委员会帮助用人单位健全劳动制度，法律工作者协会帮助接待法律咨询和信访，柏万青志愿者工作室通过电话、网络、现场等方式提供心理咨询并接待来信来访，少数民族联合会帮助化解了少数民族来沪人员的房屋租赁等多起矛盾纠纷。此外，四川成都同行社会工作服务中心在武侯区凉水井街社区营造的凉水井文化项目也是社会组织参与基层社会治理的典型范例。同行社工根据"饮水思源，奉献之泉"这一主题，广泛调动凉水井社区居民参与社区文化营造。其间，老人给年轻人讲凉水井的故事，年轻人用钢笔画出凉水井老街景，就连外国留学生也对凉水井的故事产生了兴趣，纷纷前来帮忙。同行社工通过这一行为的倡导，让居民以自身的集体行动，挖掘社区文化，形成了良好的互动氛围，让居民对社区有了更好的认同；同时，还增强了居民的自治意识，提升了居民社区治理能力。

（五）三治融合

三治融合即自治、法治、德治相融合的治理模式，最初主要着眼于解决社会转型期的基层维稳难题，由于长期实践中三治融合的良好治理效应以及基层社会事务和矛盾的日益复杂化，三治融合治理模式开始在基层社会治理各领域中广泛运用。要"加强农村基层基础工作，健全自治、法治、德治相结合的乡村治理体系"。要"健全党组织领导的自治、法治、德治相结合的城乡基层治理体系"，并强调"注重发挥家庭家教家风在基层社会治理中的重要作用"。要"健全党组织领导的自治、法治、德治相结合的城乡基层治理体系"，"推动社会治理重心向基层下移，向基层放权赋能"。推进三治融合治理，首先是要调动居（村）民自治的积极性。依法制定自治章程、村规民约（社区公约），组织公职人员进社区认领楼道长，成立红色乡贤"乡村智囊团"，围绕公共事务服务、供需对接，加强社区、社会组织、社工人才联动，创设服务项目，丰富群众自治形式。其次是要用好本土法治资源，全面依法治理。推动法律服务平台建设，实现镇街公共法律服务站、村社公共法律服务点全覆盖，法律服务团队驻点服务、入户服务、按需服务，以案释法，以身边人说身边事、身边人教育身边人，感受法治正义，领悟法治精神，增强法治意识，让百姓自觉遵法、学法、守法、护法、用法。最后是要以德教化，广泛普及社会主义核心价值观，宣传传统乡贤文化、儒家文化、孝文化等中华民族优秀传统文化，完善道德模范、最美人物关爱帮扶和礼遇机制，褒扬先进、惩戒落后，引导广大居（村）民从每个小家做起，重家教、立家规、传家训、正家风，营造崇德向善的良好风尚。

浙江桐乡是三治融合的示范地、引领地，突出党建引领，推动政府、社会组织、群众等多元治理主体协同共治，创新"一约两会三团"机制，充分体现了自治法治德治综合运用、协同发力所产生的乘数效应。"一约"即村规民约，让村民参与制定和监督，以"村言村语"约定行为规范、传播文明新风；"两会"即百姓议事会和参事会，通过专题会议、个别访谈等多种形式，解决和协调村里的相关事务，实现农村事务的民事民议、民事民办、民事民管；"三团"即百事服务团、法律服务团和道德评判团，以志愿服务、法律服务、道德评判为抓手，将定期坐诊、按需出诊、上门问诊相结合，形成"大事一起干、好坏大家判、事事有人管"的乡村治理新格局。

二、基层社会治理需求

（一）组织需求

基层党组织是实施和落实基层社会治理战略的根本力量，基层党组织的治理能力对基层社会治理的成效有着决定性的作用。包括《中国共产党党和国家机关基层组织工作条例》《中国共产党支部工作条例（试行）》《关于加强和改进城市基层党的建设工作的意见》《关于加强和完善城乡社区治理的意见》《关于加强和改进乡村治理的指导意见》等在内的党内法规对基层党组织提出了要求，例如"各级党委（党组）要切实履行全面从严治党主体责任，把机关党的建设摆在重要位置来抓，推动机关党的建设始终走在前、作表率"；"要全面提升党支部组织力，强化党支部政治功能，充分发挥党支部战斗堡垒作用，巩固党长期执政的组织基础"；"提升党组织领导基层治理工作水平"，"健全党组织领导下的社区居民自治机制"；"把加强基层党的建设、巩固党的执政基础作为贯穿社会治理和基层建设的主线，以改革创新精神探索加强基层党的建设引领社会治理的路径"；"完善村党组织领导乡村治理的体制机制，建立以基层党组织为领导、村民自治组织和村务监督组织为基础、集体经济组织和农民合作组织为纽带、其他经济社会组织为补充的村级组织体系"；等等。

进入新时代以来，随着改革开放的步伐逐渐加快，市场经济的发展使原本计划经济体制下单位式的基层治理模式逐渐瓦解，出现了许多新的社会利益主体，也形成了流动性更强、开放性更高的社会运行机制和更复杂的社会关系。当前，基层社会治理也面临着基层党组织弱化的现实问题。实践中的基层治理越来越依靠行政命令，基层党组织在很多社会生活领域已然悄无声息、形同虚设，一些农村基层党组织软弱涣散现象严重；农村精英人才大量流失，乡村治理能人难寻、治理能力严重不足，基层治理后继乏人；干部与群众的利益分化程度加大，特别是基层"微腐败"等问题加剧了群众对党和政府的不信任。在这样的背景下，基层社会治理更加需要基层党组织的引领，充分发挥基层党组织的战斗堡垒作用，不断把组织优势转化为基层社会治理的优势。

（二）群众需求

根据马斯洛需求层次理论，人的需求由低到高分为五个层次，即生理需求、安全需求、归属与爱的需求、尊重需求和自我实现需求，当低层次的需求满足后，高层次的需求才会出现，而逐渐出现的需求则转变成行为、活动的主导力量。随着中国特色社会主义进入新时代，我国社会主要矛盾发生历史性变化，满足人民日益增长的美好生活需要成为党和政府的职责所系、使命所在，这要求我们适应人民新需求，推进社会治理创新发展。人民美好生活需要日益广泛，从单一的物质需求转变为对民主、法治、公平、正义、安全、居住环境、制度文化等方面的多元需求，从仅对数量的关注转变为对品质的追求，对政府进行社会治理和提供公共服务的要求也更加精准化。

面对日趋复杂的社会形势，传统的治理模式已很难适应新的治理需求。维护社会的和谐安定，促进经济社会的发展，对基层社会治理提出了新的要求。我们党和政府必须始终坚持以人民为中心的服务理念，以供给侧结构性改革为手段，更精准化提供公共服务，最大限度地满足人们自由全面发展的需要，实现从"写意"到"工笔"，从"政府配菜"到"百姓点菜"的转变。尤其是我们的党组织和党员干部，更应该密切联系群众，深入田间地头，听民声、察民情、知民意、解民忧，善于发现群众的需求，抓住人民最关心最直接最现实的利益问题，把回应和满足群众差异化、多层次的需求，作为推进社会治理创新的重要任务，在服务中实施治理，在治理中体现服务，不断保障和改善民生，促进社会公平正义，让发展成果更多更公平惠及全体人民，达到治理精准化的目的，使人民群众的获得感、幸福感、安全感更加充实，更有保障，更可持续。

（三）能力需求

时代在变，环境在变，特别是随着经济社会的快速发展和体制改革的不断深化，产生本领恐慌的可能性以及由此带来的压迫感和危机感就越大。"非学无以广才"，面对本领恐慌，唯一的出路就是学习，并且是终身学习、常态化学习。党员干部作为党和国家事业发展的骨干，肩负着重要的时代责任和光荣的历史使命，必须时刻保持"本领恐慌"，以只争朝夕、时不我待的精气神，持续加强理论和实践学习，不断提升自身综合能力素质，在急难险重任务中主动作为、勇于担当，将人民群众的满意度作为检验服务质效的首要标准，切忌懒政怠政惰政，杜绝形式主义、官僚主义。在 2020 年的抗疫一线，以钟南山院士为代表的刘智明、李文亮、夏思思等医护人员，以何建华警长为代表的公安民警，以陶久娣为代表的社区工作者，以戴胜伟为代表的志愿者等，正是我们优秀党员干部的缩影和典范。

在基层社会治理实践中，具体体现为基层组织自治能力不足，有的居（村）委会处于瘫痪或半瘫痪的状态，不能很好发挥服务群众、化解纠纷的作用；基层群众通过民主协商方式参与社会治理的意识和能力不足，容易引发一些信访行为和群体性事件；治理主体的法律素养和法治能力不足，还存在治理过程中侵犯群众合法权益的现象；基层党委和政府社会治理理念仍停留在"社会管理"层面，缺乏源头性、长效化的社会治理机制和措施，没有形成党委领导、政府主导、社会协同、多元主体参与的治理局面。然而，能力的培养与提高从来都不是一蹴而就、一劳永逸的。中国特色社会主义进入新时代，意味着我国发展处于新的历史方位，对基层社会治理和党的能力建设提出了新的更高的要求。一是要求加强党委领导，发挥政府主导作用，鼓励和支持社会各方力量参与，构建多元纠纷解决机制，提高基层组织矛盾化解能力。二是要求充分尊重人民群众的主体地位，完善基层自治机制，注重挖掘、运用本土文化特质，尤其是源自传统文化倡导的道德伦理、礼义廉耻、以和为贵等稳定持久的思想文化底蕴，让文化内化于心、外化于行，规范百姓的行为，真正提高基层群众自治能力。三是要求将民主治理与依法治理相结合，引导群众自觉运用法治思维和法治方式参与管理社会事务，加大违法违规处置力度，提高基层社会治理法治化水平。

（四）创新需求

创新基层治理模式，使社会治理适应新时代的发展趋势，是推进国家治理体系和治理能力现代化的重要保障。近年来，随着需求结构和利益结构的多元分化，基层治理体系长期面对如何有效供给多层次公共产品和协调社会多元利益关系这两个基本挑战。这就势必需要更多地引入社会力量和市场力量，形成多层次的复合治理结构，创新基层治理的理念思路、体制机制、技术手段等。一是需要观念创新。由以往政府为主体的"社会管理"转变为多元主体参与的"社会治理"，并树立党建引领基层社会治理的新理念，推进基层党建与社会治理的深度融合。二是需要体制机制创新。在国家权威与社会自主性之间找到一个均衡点，重组党政、基层群众性自治组织、社会力量，构建自治、法治、德治"三治合一"的基层社会治理机制，使自治、法治、德治相得益彰，实现基层社会治理的现代化。三是需要服务流程创新。新时代基层社会治理更加追求简约高效，应从群众需求出发，以服务流程为改造对象，通过对服务流程构成要素的重新组合，对服务流程的重新设计，从而提升服务质效。四是需要技术创新。当前，以信息化、互联网、物联网、大数据和人工智能为代表的新科技，正在越来越深刻地影响我们的工作和生活。这一系列新技术所具备的数据开放共享、便捷快速等特性，能够在基层社会治理中迅速拉近政府与人民、人民与人民之间的距离，降低政府的治理成本和基层自治的难度，提高治理效率。因此，只有通过"互联网+政务服务"的创新和广泛应用，让信息多跑路，企业和群众少跑腿，才能够更高效地应对当前流动性强、开放度高的社会运行机制，助推社会治理体系和治理能力现代化。

第三章 加强基层党建引领社区治理

第一节　加强城市基层党建引领社区治理

新时代对基层党建工作提出了新要求，在全面建设社会主义现代化国家和城市化进程加速的背景下，聚焦基层治理现代化视域中的城市基层党建，探索新形势下城市基层治理的有效路径，有助于推进基层治理现代化进程，更好地满足人民对美好生活的向往和追求。

一、城市基层党建与社区治理的相关理论

（一）城市基层党建的内涵

"基层党建"是一个大概念，涵盖的范围十分广泛，分类的方式多种多样。企业、农村、机关、学校、科研院所、街道社区、社会组织、人民解放军连队和其他基层单位，凡是有正式党员三人以上的，都应当成立党的基层组织。按照党组织建设内容的不同，可以划分为基层党组织的政治建设、思想建设、组织建设、作风建设、制度建设等。从基层党组织建设的具体工作来看，基层党建一方面包括基层党组织的自身建设，如党员的发展、管理、教育、"三会一课"的开展等；另一方面又包括基层党组织领导社会各项工作的建设，如经济建设、文化建设、社会建设以及生态文明建设等。

城市工作在党和国家工作全局中具有举足轻重的地位，是各级党委开展工作的重要阵地。随着新型城镇化的快速推进，城市社会格局、群体结构、组织方式发生了深刻变化，人民群众对美好生活的向往和需求日益增长，城市治理老难题和新问题相互交织，这些现状迫切要求充分发挥党的组织优势，不断提升党的城市工作领导水平，确保城市基层治理始终沿着正确方向前进。党建工作的难点在基层，亮点也在基层。城市基层党组织是党在城市全部工作和战斗力的基础，联系群众最密切、服务群众最直接，是群众诉求的"听诊

器"，是化解社会矛盾的"稳压阀"。城市基层党建是以街道社区党组织为轴心，有机联结单位、行业及各领域党组织，实现组织共建、资源共享、机制衔接、功能优化的系统建设和整体建设。

城市基层党建的内涵可以从以下几个方面来理解：一是强调城市基层党建主体的多元化，城市基层党建不仅仅指街道社区的党建工作，社会组织、驻区单位、园区、商务楼宇、商圈市场等主体的党建也是基层党建工作的重要内容；二是强调街道社区党组织是城市基层党建的领导核心，要通过提升街道党（工）委统筹协调能力、固本强基，全面建设过硬街道社区党组织，充分发挥街道社区党组织在城市改革发展、基层治理、民生改善、社会和谐中的战斗堡垒作用，将其建设得更加坚强有力；三是强调基层党建不同主体之间要互动协同，打破以前城市基层党建工作中由于按领域、按区域、按行业分割，从而分头推进、各自为战而导致的碎片化工作局面，通过强化市、区、街道、社区党组织四级联动，推进街道社区党建、单位党建、行业党建互联互动，扩大新兴领域党建有效覆盖，广泛应用网络信息技术，形成街道社区党建与单位党建、行业党建及其他党建共驻共建、互联互动的大格局；四是强调提升党组织领导基层治理工作的水平和能力，通过健全党组织领导下的社区居民自治机制，领导群团组织和社会组织参与基层治理，建设覆盖广泛、集约高效的党群服务中心等举措，做实网格党建、促进精细化治理，确保基层治理始终保持正确方向。

（二）社区治理

社区是城市管理的基本单元，社会这一肌体就由社区这一个个细胞构成。理论界针对社区治理从内涵到外延都进行了全面而深刻的研究和探讨，目前较一致的看法是，"社区治理是在法治化、规范化的前提下，由政府行政组织、社区党组织、社区自治组织、社区非营利组织、辖区单位以及社区居民等多元主体共同管理社区公共事务的活动"。此外，在实践中，全国各地的社区治理创新也在如火如荼地展开，呈现出百花齐放、争奇斗艳的"一派春色"。这里所指的社区治理主要是指在社区范围内，依靠基层党组织这个核心来引领多元治理主体，如自治组织、社会组织、基层群众等，在平等自治、协商合作的基础上，通过多样化的治理方式，对社区公共事务进行有效管理，从而维护社区秩序、满足居民需求、促进社区发展、增强社区凝聚力，提高社区居民的归属感和认同感，最终达到社区善治的过程。

总的来说，社区治理包含以下几个方面的特点：一是社区治理的主体多元化。社区治理不是某一主体单打独斗就能完成的，而是社区党委、社区居委会、辖区单位、社会组织、社区居民等多元主体相互协调、相互配合的协作治理过程。二是社区治理的方式方法多样化。社区可通过民主协商机制进行议事决策和矛盾调处、运用智慧网格实现快速响应和服务监督，可以说，当今的社区治理既有上下联动又有水平互动，是一个协商合作、共治共享的过程。三是社区治理的根本特性是参与互动性。社区治理是群众自治的过程，只有充分保证民意的实现，才能达到自治的目的。《城市居民委员会组织法》明确规定，"社区居委会是居民自我管理、自我服务的群众性组织"，因此，社区居民的参与是社区开展工作的动力源泉，没有群众的参与，社区治理将是无源之水、无本之木。

（三）城市基层党建和社区治理互嵌

1. 理论要求

随着城市管理体制改革的深化和城市管理重心的下移，街道社区在推动城市经济社会发展中的作用越来越重要，其直面广大人民群众，而人民群众最关心的就是解决现实利益问题，所以，加强基层党建工作必须以维护最广大人民的根本利益为前提，从解决实际问题入手，在取得基层治理成效中巩固党的执政基础，形成群众安居乐业、社会安定有序的良好局面。

加强城市基层党建，是夯实党在城市的执政基础、推进城市治理体系和治理能力现代化的核心要义，换句话说，这既是对厚植党的执政基础作出的重大部署，也是对创新社会治理方式作出的战略抉择，所以，城市基层党建与社区治理是良性互动关系。一方面，城市基层党建能够协调各方力量参与社会治理，提升治理效能。党的基层组织是推进社区治理创新的引领者与推动者，在整个基层社会治理体系中发挥着极其重要的领导作用。特别是在当前治理背景复杂化、治理内容多样化、治理主体多元化的情况下，各自为政、一盘散沙，或者仅仅依靠单一主体是无法应对、解决难题的。基层党组织不仅要发挥统筹领导作用，确保基层发展与党和国家的发展方向一致，也要统筹安排、充分激励，实现各归其位、共生互补，确保治理合力的最大化。另一方面，充满活力又安定有序的社区治理能够夯实基层党建的工作基础。有效的社会治理是对"以人民为中心"思想的践行，通过居民议事会、协商议事会、党群服务中心等平台和渠道，化解社会矛盾、解决社会问题，提升人民群众的幸福感、获得感和安全感，进而密切党群关系，才能更好地发挥基层党组织的战斗堡垒作用。

2. 实践创新

近年来，全国各地在积极探索党建引领基层治理创新实践中，结合地区实际、地方特色，形成了很多相对成熟的经验做法，例如，上海市提出"建立多层次的区域化党建平台"，以市委出台创新社会治理加强基层建设"1+6"文件为标志，形成党建引领基层治理的上海模式；北京市坚持党建引领，创新"街乡吹哨、部门报到"机制，着力形成在基层一线解决问题的导向，打通抓落实的"最后一公里"，为首都构建出符合超大城市特点和规律的党建引领基层社会治理的新格局；宁波市以党组织为圆心，以党建引领为半径，以提升群众获得感、幸福感为指向，坚持自治、法治、德治相结合，通过构建城市党群同心圆，探索出一条党建引领城市基层治理的新路径；济南市按照协商于民、协商为民的要求，推进基层协商民主工作，充分发挥社区党组织的核心引领作用，以协商的方式解决群众关切问题，形成一套党建引领城市基层治理的新机制等。

近年来，大连市在推动基层社区治理过程中以新时代党的建设总体要求为指引，注重把握城市特点，坚持问题导向，强化顶层设计，加强统筹协调，积极推进基层党建与经济发展、社会稳定、基层群众工作融合共进、互促共赢，逐步形成市级抓总、区级统筹、街道领导、社区兜底的基层党建工作机制，从而推动社区党组织领导基层治理工作水平不断提升。具体来说，包括以下几方面举措：

一是强化顶层设计，提高"统"的效能，努力实现"1+1>2"的治理效果。大连市紧紧抓住社区党组织领导基层治理的关键要素，着力将健全机制、改革机构、完善体系等基础性工作"统"起来，为提高社区党组织领导基层治理效能建规定向。首先，统筹制定《关于全面加强城市基层党建工作引领基层治理创新的实施意见》等"1+9"系列文件。提出"区域统筹、条块结合、上下联动、融合发展"的总体思路，确定6个方面20项创新举措，构建具有大连特点的"一总三联六化"工作模式。其次，统筹深化社区党组织领导基层治理的工作机制。建立健全市、区、街道、社区四级党建联席会议制度，吸收各级驻区职能部门、非公有制经济组织和社会组织、物业公司、业委会党组织负责人参加。建立基层党建与基层治理领导议事制度，形成市级牵头抓总、区级统筹协调、街道核心领导、社区兜底管理的工作机制。最后，统筹完善街道"大工委"、社区"大党委"组织体系。建立"大工委"年会制度和专业委员会制度，构建起"上下贯通、融合联结、长效发展"的组织体系，实现对辖区内各种组织管理全覆盖，为社区党组织领导基层治理创新发展提供组织保障。

二是坚持问题导向，突出"改"的重点，促进街道社区党组织聚焦聚力。大连市紧盯社区党组织领导基层治理工作中的难点焦点问题，创新制度机制强化政策保障，推动街道社区党组织转变职能。首先，推进街道体制改革。对职能相近的机构合并设立或合署办公，街道科室从原来的13个减为5~7个；取消各地区对街道招商引资等经济工作的考核指标，明确加强党的建设、统筹社区发展、组织公共服务、实施综合管理等共 8 项具体职能；赋予街道党工委人事考核权、征求意见权、规划参与权、综合管理权、重大决策建议权 5 项权力。其次，推进"三级"工作机构改革。在市级层面建立大连市党建综合服务中心，在区级层面建立"区（市县）党建服务中心"，在街道层面统一设置党建办公室，加强对区域内各领域党建和群团工作的统筹管理。最后，推进社区工作者职业薪酬体系改革。把社区工作者薪酬与岗位等级、绩效考核衔接起来。

三是强化组织功能，凝聚"治"的合力，提升引领基层治理水平。大连市坚持从强化基层基础入手，拓宽引领渠道，优化管理模式，充分发挥基层党组织的政治功能、服务功能和治理功能。例如，探索实践"城乡联姻、互惠扶贫"新模式，充分发挥"红色物业企业"作用，先后组织农产品"进城市小区、进商业步行街、进餐饮后厨、进学校食堂"等 12 场次初心惠农系列活动，架设农产品进城销售"天桥"，解决农民"卖菜难"问题。

四是狠抓责任落实，推行"实"的举措，确保社区党组织领导基层治理落地见效。大连市委坚持不断创新机制、方法手段和保障措施，确保城市基层党建落地见效。首先，抓实制度让党建责任"落下去"。纵向上，完善基层党建工作"三个清单"（任务清单、进度清单、完成清单），通过过程管控，查找问题，提出有针对性的整改意见。横向上，建立双向压实责任、双向沟通协商、双向考核激励、双向评价党员干部的"四个双向"机制。上级考核驻区单位和属地党组织工作、评先评优、评价使用干部时，都要听取双方的意见。其次，抓实管理，让社区党组织"强起来"。在基层党组织管理中，深入开展社区党组织星级评定，采取基层党组织自评打分、街道党工委评定、区市县（先导区）党（工）委组织部审核上报、市委组织部复核定星等方式，坚持巩固先进、推动一般、整顿后进的原则，对基层党组织实行动态管理。在基层党员队伍管理中，创新党员志愿服务"积分制管理""组团式服务"方式，党员使用积分兑换服务，调动党员和驻区单位的双向互动。建立"党员+志愿者"联动机制和志愿服务褒奖回馈机制，根据兴趣爱好、职业专长组建相对固定的服务团队，充分发挥在职党员和离退休党员的作用，在为民服务中当先锋、树形象。最后，抓实载体，让党建特色品牌"火起来"。持续开展以"三查三看三促"为主要内容的基层党建项目化推进活动，市、区、街三级组织围绕年度工作重点难点问题创建党建特色品牌，通过年初选题立项、年终拉练观摩，推动基层党建工作创特色、出经验、树品牌，形成了以"七携手"为代表的一批在国内具有一定知名度的党建品牌。

二、加强基层党建引领社区治理的路径

只有不断推进党建与社区治理的深度融合，坚持把党的领导贯穿于基层社会治理的各

个环节与全部过程，才能不断提升基层社会治理创新的功效与水平。

（一）以建设"社区治理共同体"为目标绘好生命图谱，为新时代城市社区发展树立鲜明导向

把握城市的生命体征，尊重、顺应城市发展阶段及其规律，贯彻落实"建设人人有责、人人尽责、人人享有的社会治理共同体"要求，在探索城市治理现代化新路子的进程中，应以社区治理共同体建设为推动社会治理共同体系统工程的突破口和社区党组织领导社区治理战略思路的落脚点。社区治理共同体的本质属性是动态平衡的生命有机体，其构成系统以人人有责、人人尽责、人人享有为核心要素，"人人有责"是社区各主体参与的前提条件和思想保障，"人人尽责"是参与的过程途径和落实保障，"人人享有"是参与的动力源泉和结果保障。基层党组织是贯穿3个"人人"的一条红线，是社区治理共同体建设中的领导主体。

打造社区治理共同体，形象点说，就是要探索建立以社区党组织为"轴心"，以四级联动的基层党建组织体系为"基座"，以驻区单位、非公有制经济组织和社会组织、在职党员、辖区居民等多元主体为"风叶"，以共建、共治、共享为动力，以自治、法治、德治为运转方式的社区治理共同体的"风车自转模式"，实现基层治理从建起来、转起来向活起来、强起来的发展升级，让社区党组织发挥党在基层的战斗堡垒重要作用，让社区成为城市生命有机体的健康细胞。

一是社区治理共同体以社区党组织求深求精发展为基本前提。社区党组织是领导基层社会治理的"定海神针"，把党的建设放在首位，一方面要"练好内功"，持续整顿软弱涣散党组织、深入推进社区党支部规范化标准化建设，使"叫得响、过得硬"的社区党支部由愿景变为实景；另一方面要发挥优秀社区党支部引领示范作用，以点带面、以强带弱、全面升级、齐头并进，使"领头羊"社区党支部由"盆景"变为"全景"。

二是社区治理共同体以服务群众、求真求实效果为根本立场。社区党组织领导社区治理要始终坚持问题导向、践行"以人民为中心"思想在社会治理领域的全面落实，聚焦抓党建、抓治理、抓服务主责主业，以群众的痛点、政府的堵点、服务的盲点为着力点，同时，夯实基层，资源下沉，在人员资金配备上做加法，在工作负担上做减法，在优化社区管理服务上做乘法，在化解矛盾上做除法。

三是社区治理共同体以整合要素、求同求联共赢为主要原则。以党组织为核心的社区治理共同体是多领域、各种组织汇聚的综合体、有机体、生命体，寻求最大公约数是基层党建做实做强的不二法宝，也是做好基层治理工作的必由之路。完善城市治理体系和城乡

基层治理体系，实现多元、集约、精细、高效的"全周期"治理，不仅要构建职责清晰、统分结合、简约高效的基层管理体制机制，还要通过构建"三治融合"的体系、创新民主协商的方式、借力"网格智慧化"等手段实现"基层党建+社会治理"的深度融合，从而提升基层治理的总体效能。

（二）以健全基层党组织体系增强主干动脉，为发挥党组织核心作用打下坚实基础

1. 完善四级领导体制，确保党组织领导一贯到底

党的力量来自组织，党的全面领导、工作推进要靠坚强的组织体系来实现，建立市、区、街道、社区四级党组织领导架构，优化四级领导体制，打造四级联动、一贯到底、统一高效、坚强有力的组织体系，是党领导基层治理的前提和保证。一是市级层面探索建立市委统一领导、多部门参与的基层治理委员会，发挥统揽全局、顶层谋划、系统设计、制度保障的市域总指挥作用；二是区级层面探索建立党建工作协调小组，发挥细化举措、分析研判、监督落实、硬件保障的一线调度作用；三是街道层面完善街道"大工委"，发挥聚力赋能、统筹协调、兜底保障、有效落实的"龙头"牵引作用；四是社区层面做实社区"大党委"，发挥组织宣传、凝聚人心、服务延伸、引导共治的一线战斗堡垒作用。

2. 推进新兴领域和重点行业党建，确保党组织领导全面覆盖

不断拓展城市党建的外延，扩大新兴领域和重点行业党的组织覆盖和工作覆盖，做到党员工作生活在哪里、党组织就覆盖到哪里，让基层党组织随着经济活动、社会活动一起"脉动"。这主要从以下两方面展开：一是重点在产业园区、新开发小区、商务楼宇、商圈市场、互联网企业等新兴领域组建党组织，规范和加强党建工作，不断扩大基层党的组织覆盖和工作覆盖。二是重点在与基层治理联系最为紧密的物业企业中组建党组织，凡是具备建立党组织条件的物业企业，都要尽快建立党组织；不具备成立党组织的企业或者项目所在社区党组织，应通过党小组组建联合党支部、参与网格党支部组建、成立临时党组织、派驻党建工作指导员等方式，指导物业企业开展党建工作，从而为"红色物业"全面铺开、深入发展提供组织保障。

3. 加强社区党支部建设，确保党组织领导坚强有力

社区党支部领导基层治理以"练好内功"为前提，突出强化社区党支部的政治功能，持续整顿软弱涣散党组织、深入推进社区党支部规范化标准化建设，切实提升社区党支部的组织力。社区党支部建设主要从以下几方面展开：一是持续推进"一线筑垒"工程，通

过创新"主题党日"等开放式组织生活增强社区党支部工作活力；二是抓好阵地建设，特别是要在社区党群服务中心、楼院、楼宇大厦的"红色驿站"等建立布局合理、功能互补、服务便捷的党建服务网络；三是用足用好党建经费，建立健全以财政投入为主、党费补充为辅、社会筹措为补的社区基层党建工作经费保障体系，加强各项资金统筹使用，进一步提高资金使用效率；四是抓好基层党支部人才梯队建设，以"选"为立足点，以"用"为落脚点，以"培"为关键点，通过与党校高校合作、政府购买培训服务、社会组织运营管理、借力网络教育平台等形式打造"线下线上一体化"社区干部学院，从而通过专业化、职业化、常态化培训提升基层党务工作和社区治理实务能力；五是持续开展基层党建星级评定工作和项目化推进活动，创建和培育一批各具特色的社区党建示范点，不断推动社区党建整体水平提升。

（三）以完善互联互动机制畅通循环系统，为凝聚共治合力提供有力保障

1. 健全多元主体培育引导机制，打牢"人人有责"基础

一是加强基层党组织对社会组织的引导培育。抓好"组织引领"，明确政府各层级对社会组织党建的不同职责，不断扩大社会组织中党组织有效覆盖；抓好"制度引领"，建立包括党建工作考核指标在内的社会组织等级评估机制，评估等级和财政帮扶资金、政府项目投标资格等密切挂钩，建立社会组织"异常名录"和"黑名单"制度，实现全面有效监管；抓好"平台引领"，在市、区层面建立社会组织创业孵化基地，街道、社区层面建立社会组织党建基地，成立社会组织联合党支部，重点培育公益慈善类、矛盾调处类、志愿服务类、生活服务类等社区社会组织。

二是以党员志愿服务引领社会志愿新高度。志愿服务是现代社会文明进步的重要标志，是基层社会治理的重要参与力量，也是培育践行社会主义核心价值观的生动实践。抓好党员志愿服务，不仅要落实机关企事业单位党组织和在职党员"双报到"制度，推动各级各类党组织进社区、亮身份、做表率、树形象工作往深往实走，更要打造以党员骨干为中坚力量的志愿者体系，发挥街道社区党组织统筹作用，整合驻区单位多方力量，以党员骨干为主体，其他群众为补充，根据兴趣爱好、职业专长组建相对固定的志愿服务团队，探索实施"积分制管理""组团式服务"等新方式，实现各类单位组织和群众由"站着看"向"跟着干"转变，从而培养公共精神、涵养公共意识、形塑公共文明。

2. 完善多元主体互联互动机制，畅通"人人尽责"途径

一是完善区域化党建"条块"协调机制，以打破"独角戏"，推进基层党建工作向集

成、集约化升级。宏观来说，市区各个部门以"统"为前提，通过四级联动机制、行业系统和基层党组织结对共建机制等使部门的"条"资源与辖区的"块"资源"捆绑打包"，让千条线拧成一股红绳，基层党组织负责"穿针走线"，解决基层治理问题；中观来说，重点强化街道党组织抓党建、抓治理、抓服务的主责主业，联通"枢纽"地位和统筹协调作用，在为街道扩权赋能的前提下，构建以街道党组织为核心、社区党组织为基础、驻区单位党组织共同参与的"一核多元"的"党建联合体"组织体系，通过活动阵地"联建"、组织生活"联过"、优势资源"联享"、基层治理"联抓"、群众文化"联培"、社区服务"联办"等举措建成区域化、开放性基层党建覆盖体系和服务网络；微观来说，全面落实社区"大党委"机制，为社区党支部减负增能，以街道办事处职责清单、社区工作事项准入制度缩减以"属地化管理"为由压给基层的大量临时性工作，从源头上减少下派社区的行政化事项，通过签订共建协议书、落实"兼职委员"制、完善"三单"制等具体举措，确保社区有精力、有权力、有能力下沉网格，提速矛盾化解、提质便民服务，提升自治能力。

二是完善基层民主协商机制，以制止"一言堂"，推动基层党建向共议共谋深入。以协商民主为核心的基层群众自治，需要有效的组织机制来支撑与引导，要完善社区党组织领导下的社区治理协商结构和闭环体系，使社区党组织从确立协商议题、制定协商方案、规范协商程序、创新协商形式、落实协商结果等环节全面介入，搭建更多民意"直通车"、公众"议事厅"，坚持广纳群言、广集众智，激发社区居民参与热情，畅通民意反映渠道，保证协商决议结果快速有效落实，让群众自己通过"说事、议事、主事"推动解决社区治理难题。

三是优化党建绩效考核激励机制，以消除"虚浮症"，提升基层党建向求真求实方向发展。完善四级责任机制。各负其责，随机抽查，定期督查，动态考核，基层党组织书记履行党建责任情况不仅要纳入述职评议考核，还要注重双向考核激励，特别是驻区单位、辖区党员群众对基层党组织书记的考核比重要适度提高，更要将此考核作为评优选先的重要依据。健全考核约束机制。驻区单位评选先进党组织和文明单位、考核任用干部，要听取街道、社区党组织意见；区、市、县对街道、社区领导班子成员的考核任免，要充分听取党建工作协调机构成员单位党组织意见；市、区及各领域各系统党组织开展党内评选表彰活动，要把社区党建工作开展情况作为重要的参评条件和评比标准。建立表彰激励机制。各级定期开展表彰评优活动，对在区域治理工作中作用突出的辖区单位党组织和党员群众给予表彰奖励，利用各种新闻媒介，积极宣传先进党组织和先进个人的事迹，发挥舆论正向引导功能。

3. 创新社区公共服务提供机制，实现"人人享有"目标

一是尽快建成"线上线下"集中便民服务空间体系，打造便民生活圈，通过推进社区"微治理"提供开放便捷的"全境式""一站式"服务；二是突出服务集群思路，以社区党群服务中心为枢纽，分类实施党群服务、政务服务、社会服务和自治服务等多元化特色服务；三是做好重点人群分类服务，重视面向老年人、残疾人、优抚对象等困难弱势群体的社会保障和救助服务以及面向下岗失业职工的再就业服务和其他社会保障服务等；四是建立多元化公共服务供给机制和服务评估机制，按照政府扶持、市场运作、社会化和产业化发展的要求，实行有偿、无偿并存，组织与志愿相结合的多种服务形式等。

（四）以"党建+网格"激活神经网络，为实现精细化服务打造有效载体

1. 健全优化网格管理，实现基层党建和基层治理的深度融合

走向精细化治理是现代城市发展的必由之路，借助信息技术手段的"网格化"管理是实现城市治理从"大动脉"向"神经末梢"延伸，体现城市治理"绣花功夫"的重要途径，要不断探索、升级"党建+网格"模式，打通基层治理和服务的关键环节，用小网格引领大党建、推动大治理、实现大服务。这主要从以下几方面展开：一是打破信息孤岛，实现多网合一，从上到下地对社区多头网格进行深度整合，实现基础信息一网采集录入、社会事件一网分流督办、公共资源一网整合共享、关联数据一网查询共用、社会服务一网延伸落实；二是调优网格设置，织密基层党组织网络体系，优化网格党组织和网格机构设置，推动街道"大工委"、社区"大党委"、网格"大支委"、网格党支部组织体系向下延伸到每个驻（市）区单位、项目现场和"五小行业"，设立若干个功能型党小组；三是配强网格员队伍，推动多支服务力量融合联动，打造由专职网格员、党政部门工作人员、社区单位党员、"两代表一委员"、各行各业志愿者组成的一岗多责、一专多能的专兼职网格员队伍，把党的组织、工作、服务延伸覆盖到每一个治理网格。

2. 构建城市智慧大格局，为基层治理提供智能底板支撑

在智慧城市建设总体布局下，城市治理现代化以政务服务"一网通办"和城市运行"一网统管"提升城市治理效能，"两张网"为社区党组织领导的网格基层治理体系提供强大的基础数据"海洋"、技术手段支撑、业务流程重塑、体制机制优化、快速响应保障。社区党组织要加大宣传力度，让企业和群众了解并接受"网上办""指尖办"等服务形式，体验网格内公共服务的高效便捷，提升对政府的满意度和信任度。

（五）以党建品牌建设涵养阳光心态，为塑造党建文化注入强劲动力

1. 以党建项目管理模式助推基层党建工作"去虚向实"

实施党建项目管理，有利于把党建工作与中心工作、重点工作结合起来，以需求为导向，着力将党建的无形抓手有形化、隐性价值显性化，推动基层党建工作全面进步、全面过硬。例如，围绕城市党建重点任务，确定区级党建重点项目，每位区委常委成员包保1~2个项目，区、街道、社区与驻街、驻社区单位签订共建协议书，明确共建任务，采取调研督导、拉练观摩、评估考核等方式，确保项目按期完成。此外，要设立党建大项目专项资金，对阵地类服务项目进行支持。

2. 以党建品牌化运作实现基层党建工作"全面开花"

持续深入开展党建品牌创建活动，通过打造"金名片"发挥引领示范、辐射带动作用，推动城市基层党建工作整体提质升级。以大连市全面推广"七携手"党建品牌为例，全市各级党（工）委把推动"七携手"品牌建设纳入整体工作部署，强化责任落实；针对本地区、本领域特点，分类别具体指导、分领域统筹推进，在全域复制推广基础上不断创新发展；加强"七携手"党建品牌宣传工作，放大党建文化核心价值观的效应，将党建品牌创建融入党建文化塑造，使之内化为基层组织和广大党员的情感意志追求并自觉转化为行为实践。

第二节　党建引领新型农村社区治理实践

新型农村社区是社会治理的一个新领域，由农村社区演变而来，是时代发展的产物，应运而生，顺势而为，新型农村社区的有效治理是治理智慧和制度创新的结合。

一、党建引领新型农村社区治理的基本内容

（一）党的建设

党的建设，广义是指为了完成各自的使命和任务，政党所开展的一切领导国家、社会和增强自身活力的理论和实践活动。狭义的党建特指中国共产党的建设，其具体包含三重含义：第一，党的建设是马克思主义建党学说在实践中的运用，指导原则是马克思主义建

党学说，是党为保持自己的性质而从事的一系列自我完善的活动，不仅包括党务工作，还包括党的思想建设、政治建设、组织建设、作风建设和制度建设等；第二，党的建设是指研究党的建设的理论科学；第三，党的建设是作为理论原则与实践行动两者之间的约法规章。

（二）基层党建

基层党建是基层党组织建设的简称。在法国学者杜瓦杰看来，相对于西方社会的"俱乐部型"（cacus）和"支党部型"（branch）政党基层组织，以中国共产党为代表的"细胞型"（cell）基层党组织，呈现出贯彻政党意志、实行民主集中等特征。事实上，这一主流话语长期遮蔽了中国语境下的基层党建所涵括的组织结构、内在要求、基本内容和治理意涵。

1. 基层党组织的含义

中国共产党的基层党建发展具体体现在历届党代会和党章修订文件中。党章规定，党的基层组织是指企业、农村、机关、学校、科研院所、街道社区、社会组织、人民解放军和其他基层单位的基层委员会、总支部委员会、支部委员会，包括基层委员会经批准设立的纪律检查委员会。这明确了基层组织的内涵和外延，为基层党组织建设提供了方向。

2. 基层党建的内容

基层组织建设要不断提升组织力、凸显政治功能，把企业、农村、机关、学校、街道社区、社会组织等基层党组织建设成为宣传党的主张、贯彻党的决定、领导基层治理、团结动员群众、推动改革发展的坚强战斗堡垒。因此，基层党组织建设有以下几点内容：

第一，党的主张的宣传者。党的路线、方针、政策等内容会通过党的基层组织进行宣传和执行，通过定期进行组织培训学习等方式，如党史学习教育等，积极主动学习党的声音，学习和了解党出台文件的意义和作用。

第二，党的决定的贯彻者。党的基层组织作为党连接群众的"最后一公里"，承接了贯彻党的决定的重要任务。在贯彻党的决定的过程中，党的基层组织需要发挥党员同志的先行作用，需要实事求是地联系具体实际情况，将党的理论与实践巧妙地结合，尽量避免生搬硬套和一刀切的极端状况，在证明党的决策的正确性的同时也要注意工作方法，真正将惠及民众的党的政策贯彻到位、落到实处。

第三，团结群众的动员者。中国共产党是人民性的政党，党的宗旨是全心全意为人民服务，始终代表最广大劳动人民的利益，作为党的基层组织，需要将党代表人民利益的声音传递和实践下去，团结一切可以团结的群众，尽最大努力为党吸收优秀的力量，紧跟时代潮流，增强党的组织力、凝聚力和吸引力。

第四，改革发展的推动者。作为党的政策践行的神经末梢，党的基层组织承载了对改革政策的具体化、实践化和可操作化的作用。党的基层组织发挥了强有力的战斗堡垒作用，引领党员和广大群众坚持改革开放，积极融入时代，解放思想，不仅要将改革开放带来的惠民之果真正贯彻落实到人民群众的日常生活中，而且要坚定地将改革开放政策在党的引领下践行到底。

第五，基层治理的领导者。党的基层组织是国家治理体系的基本治理单元，需要领导好各基层组织进行依法依规的实际工作，推动基层组织的自治有效。需要党的基层组织引导广大党员干部坚持正确的政治方向，弘扬社会主义核心价值观、坚定理想信念，为在企业、社区、乡村、校园等区域的社会治理实现引领方向的作用。

二、基层党建引领新型农村社区治理的必要性

（一）稳固党在新型农村地区执政地位的需要

基层党建引领的新型农村社区可以稳固党的执政地位是从党的发展规模和党的战略地位来说的。党员人数的增加和组织规模的扩展进一步夯实了党的执政基础。这是中国共产党的执政优势，也是广大人民群众在党的带领下可以全国上下一盘棋，举全国之力建设中国特色社会主义事业，党的基层组织在其中起到了非常重要的作用。新型农村社区的治理是要保证群众对生活的满意度，主体是广大群众，而对于代表人民利益的党的基层组织来说，就是要一切行动都是为了人民的利益，二者的目标实现了契合。加强党的领导，让党的执政基础不断向基层延伸，发挥党的基层组织在新型农村社区治理中的引领作用，有利于引导农村社区的积极正向发展，加速人民群众脱贫致富的进程，促进农村社区城市化的进程，从而反向助推稳固党的执政地位。

（二）完善国家的基层治理体系的需要

新型农村社区作为一种新的农村场域，是国家治理体系的基本单元之一，基层党组织在新型农村社区发挥引领作用，一定程度上会完善国家的基层治理体系。要发挥党的基层组织及党员干部的引领作用，在突破新型农村社区的发展瓶颈的基础上，不断优化农村社区的自治治理模式，从而引导新型农村社区实现居民满意度较高的自治治理的良性循环。国家治理体系的建设与完善是一个动态的发展过程，不是一成不变的，需要党的基层组织

在新型农村社区发挥引领作用的过程中，在出现问题和解决问题的过程中积累经验，不断完善基层组织作为国家治理体系基础的作用，增强党的基层组织在社区治理问题中的活力，为实现两个百年目标和中国梦提供有力保证。

（三）落实习近平新时代中国特色社会主义思想的必然要求

这是根据党的指导思想的地位角度来说的。党的基层组织不仅是党的建设的重要组成部分，也是社会治理的重要引导角色，与以新型农村社区为组成部分的社区治理之间形成了契合点，成为社会治理的新的关注点。基层党组织作为沟通社群关系的重要渠道，是党的指导思想和主张落到社区和群众之间的桥梁和纽带，也是将宏观理论与微观实践相融合的实践载体。面对农村社区的现实治理难题，需要在思想的指导下，运用新思想的智慧去解决治理难题，同时在治理的过程中，实现深化农村社区的群众对新思想理解的效果，实现新思想的大众化和实践化，做到党的基层组织在农村社区治理实践与新思想之间的作用与反作用。

三、党建引领新型农村社区治理的实践路径

党建引领社区治理，本质即在于如何处理政社关系和党群关系，实现"政党社会化"。政党引领社区治理的前提是其必须先行嵌入基层社会，而非处于不在场的悬浮状态。为此，需要构建以政治机制、组织机制和服务机制为主体的机制系统，即分别以政治机制为关键，以组织机制为载体，以服务机制为渠道，有效增强乡村治理场域中的政党领导力、组织力和回应力，并重塑"政党引领社会"模式，最终为基层党组织真正融入新型农村社区治理创造有利条件。

（一）党建引领新型农村社区治理的政治建设

基层实践中，政治机制构成党引社会的核心能力。就 X 社区而言，基层党组织主要通过空间变革建场地、联席统筹激活力以及定期学习传势能等路径加强对其政治引领。

1. 场地先行，空间变革拓殖党建力量

新型农村社区形成过程中，作为党组织运行的传统空间载体村委会也随之发生重构。事实上，以社会性为标识，空间蕴含丰富的建设性意涵。该层意义上，为做好居民的服务工作，X 社区在社区居委会成立党支部，设立党员服务联络站、居民事务代理室、夕阳红理事会，并配置党员远程教育终端、书画室、舞蹈室、培训室、器乐室、棋牌室、体育健身室、图书室、电脑室、多功能展示厅等，丰富居民精神文化生活。学习环境和学习氛围

是提升学习效率，增加学习兴趣的重要因素，有研究表明，物质环境与学习成果之间存在积极关联，基础设施的投入对学习效果的影响是主要的。党员开展政治学习是保持先进性和纯洁性，提升理论水平和政治自觉的主要方式，X 社区为党员和社区居民配备完整齐全的学习设施，并提供充分的学习空间，为这种常态化的学习行为和学习习惯的形成奠定了基础，这些党员通过学习内化的理想信念和政治信仰最终会转化为服务社区居民、筹谋社区福利的实际行动，成为社区有效治理的一股政治力量。

2. 全面统筹，党建联席激活政治动员

新型农村社区党委的政治引领功能主要通过党建联席会议得以实现。现实生活中，X社区党支部或其上级党组织领导牵头召开的党建联席会议主要侧重于党员政治学习的内容丰富、平台搭建以及方式创新，以此强化基层党组织的政治动员能力。具言之，一是丰富学的内容，围绕社区中心工作，在学好党章党规、系列重要讲话的基础上，把社区管理、河长制、环境保护等纳入重要学习内容，组织观看廖俊波先进事迹报告会、《将改革进行到底》等电视教育宣传片，同党员们共同开展研讨；邀请镇机关党员解读便民、惠民政策，外村优秀党员上党课，从学习人员和学习内容的范围上实现学习全覆盖。二是搭建学的平台，按照居住区域，将外村和镇机关党员分别编入 2 个党小组，开设"社区大课堂"，强化活动阵地建设，对原 X 社区邻里中心进行修缮，规范配齐硬件设施，统筹规划社区老年人活动室，挂牌建立 X 社区党支部党小组活动室，实现党小组有"址"活动，解决了党小组活动的场所问题，为党支部深入到居民生活、解决日常琐事提供可能性。三是创新学的方式，把落实"三会一课"从线下拓展到线上，依托微信群，定期推送时事政治、党员应知应会知识、法律法规、强农惠农政策等，邀请住社区的外村支部书记交流党建工作经验，组织社区党员参加全镇"两学一做"知识竞赛活动，搭建镇、村、居齐学共促的大讲堂，增强"三会一课"实效性。社区党支部通过实施联席制度、走访制度、服务制度等，逐步完善矛盾化解、治安防范、法治宣传、民情畅通、服务救助、文明创建等工作机制，新型社区管理模式得到了上级党委、政府和有关部门的认可和肯定。

3. 思想引领，定期学习传递党引势能

在 X 社区，社区党支部增强政治学习目标，通过多种组织形式实现实质性的学习常态化。以探索创新"三会一课"组织方式为例，通过细化学习单元，即以党小组为学习单位，将党小组活动阵地设在党小组长家或社区邻里中心，每月组织党员和骨干学习、观看电教片、上党课 1~2 次，切实使支部书记和普通党员正确把握政治方向。与此同时，社区党支部以推动"两学一做""不忘初心、牢记使命"为抓手，组织好"三会一课"学习，增强支部凝聚力、战斗力。在党建学习规划方面，社区紧紧围绕"打造新社区、建立新组织、创建新机制、谋划新生活、展示新风貌、发挥新示范"的"六新社区"工作目标，推行"三进三联三评"工作机制，不断创新社区党建形式。加强政治学习不仅是提高党员政治素质、保持政治清醒、提高政治辨别力的需要，而且也是新时期党的思想建设的必然要求。基于 X 社区党员文化素质参差不齐的现状，明确学习目标，加强政治学习力度有利于提升社区党员的政治文化素养，发挥党员模范带头作用，进一步对群众进行政治宣传和影响，逐渐形成一种互学互鉴和层级传递的政治学习常态化态势，从而使中央精神逐渐扩散至社会基层，形成强有力的政治势能。

（二）党建引领新型农村社区治理的组织建设

组织形式及原则构成政党的必备要件。事实上，组织建设与政党的组织力息息相关。革命导师列宁即言，无产阶级在争取政权的斗争中，除了组织，没有别的武器。追溯中国共产党的历史，革命、建设乃至改革开放以来，均对组织建设予以高度重视。进入新时代以来，新型农村社区的组织建设对于基层党建同样具有重要意义。混合的新型社区诞生后，当即面临如何重新整合的难题。换言之，新型农村社区必须将原子化的村民个体再次重新组织起来。其中，关键即在于如何借助党的组织系统重新整合社会。X 社区的党建工作正是在该背景下展开的，并形成了党户籍分离管理、支部建在小区、网格化包干等组织建设经验，成功实现对低度社会化个体的有效整合。

1. 党户籍分离，"编外"支部显优势

党建基础即在于组织建设。新建的 X 社区，基于自身的混合特性，灵活实行党籍户籍二分管理的制度化举措，由此构成新型基层党组织，并作为中观层面的社会网络，能够有效平衡基层治理中新出现的熟人社会低度社会化倾向和过度社会化难题。

党籍和户籍分离，顾名思义就是党籍和户籍不在同一归属地，把组织关系不在社区的外村党员统一纳入管理。居住在 X 社区的党员接受新居住地（X 社区）与原居住地（原所属行政村）的双向管理：在党籍管理上，X 社区倡议个体党员将党籍转移到 X 社区，以便于开展组织生活和党员教育活动；在户籍管理上居民个人的户籍仍旧归属原行政村管理，作为村民的权利的享有，包括选举权和被选举权，以及土地承包权在内的集体经济分配权等福利和待遇都仍在原住地享有。按照组织法规定，党员关系以属地管理为主，但由于在 X 社区居住的居民是来自15个不同村镇的同需求、异属地的居民，居民会随着居住地的改变而将户籍迁到 X 社区，自身呈现出低度社会化的原子状态，增加治理难度。与之相对，党员的党籍按照规定会在原来的居住地或者工作地，入住到 X 社区后就出现了部分

党员不愿意将党籍迁入到新居地的情况。因此，X 社区党支部将党员的党籍和户籍进行二分管理，即居住在 X 社区的党员，可以根据个人意愿，对党籍所在地进行选择，形成一种独特含义的"编外"组织管理。

X 社区的双重管理，是基于居民的生产资料与居住地的分离的现状创新产生的，同时考虑到组织关系的时间嵌入性维度，即"关系及社会网结构过去的历史对今日情景的塑造"，与原生村庄、集体等的文化网络连接，能够使基层党组织处于结构洞的位置，并直接增加其在跨村域组建的 X 社区治理中的弱连带优势。例如，X 社区党支部充分发挥组织关系不在本社区的"编外"党员的弱连带优势，鼓励其担任社区楼栋长，具体负责所居住楼栋的一切日常事务，让支部发挥作用的同时仍可以继续参与社区包括政治理论学习在内的一些活动。

2. 邻里红管家，支部建在小区上

针对组织规模和组织行为之间的关联关系，奥尔森指出小规模集团具备更大的集体行动优势。同样，作为党的基层组织，支部规模及建立层级直接关系到党组织的战斗堡垒作用发挥。历史经验告诉我们，"连"作为基层党组织的合理组织单元，产生了良好的动员效果。随着时代的变迁，面对新的环境和形势，中国共产党需要根据治理对象来灵活调整组织单元，以期获得最优治理成效。

3. 网格化包干，社区对支部的组织控制

政党引领社会包含着政党与社会之间的双向互动，而非单向度引领。回归基层治理场域，基层党支部得到新型农村社区的赋权，并不代表支部的实践行为不受社区的组织控制。实地调研过程中，发现 X 社区对党支部的组织控制主要通过以网格化为代表的行政包干制方式得以实现。所谓的行政包干制，是指借助动员调动资源，助力区域经济发展和超常规治理。借鉴城市社区网格化管理经验，从社区综治管理延伸至党员日常管理，把"学"的具体成效体现到"做"的具体行动中，实现"思想教育全覆盖、民情民意全掌握、党员群众全联系"。工作伊始，X 社区被合理划分 3 个治理网格，并设置相应的党员先锋站，每个网格按"一长三员"的标准进行人员配备，着力构建"片区党委+党支部+网格+党员先锋站"的四级治理体系。

（三）党建引领新型农村社区治理的服务拓展

基层党组织能否及时回应群众诉求，主要受其服务机制的影响。服务机制是建立在组织与社会之间的连接通道，直接涉及党组织的群众回应力。为克服党组织的"贵族化"倾向，始终保持初心本色，党组织通过组织功能扩展，建立健全服务制度体系、锻造社区公共空间以及构建政治沟通纽带，将普通党员、社区居民吸纳到基层服务共治之中，最终达到党引领社会的常态化互动目标。

1. 强化志愿担当，健全服务制度体系

经验表明，除了赋权之外，尚需为党支部搭建服务基层社会的制度化渠道，真正使党建引领社会治理拥有载体支撑。就制度建设而言，詹姆斯·马奥尼（James Mahoney）等视制度为使行为结构化的规程。实际生活中，X社区党支部通过建立和深化以党员为主体的联系服务群众机制、工作人员坐班制度以及"三零"服务机制，推动基层党组织"零距离"服务社区居民的发展。

具体而言，X社区党支部不断深化联系服务群众机制，注重发挥党员的主体作用，组建"党员志愿者服务队"，每位党员志愿者主动担任1至2名留守儿童的"爱心课外家长"，结合开展主题党日活动，在母亲节、六一儿童节等重点活动日集中开展"最想和妈妈说的一句话"、集体生日会等联谊活动，与社工组织一同开展课业辅导、心理关怀、素质拓展、安全教育等志愿服务，特别是在推进全省社工试点"情暖集镇，关爱农村留守儿童"项目中，积极发挥党员的先锋模范作用。在此基础上，X社区党支部积极发挥社区综合服务中心作用，建立工作人员坐班制度，及时收集居民对社区建设、管理、服务等方面的意见建议，帮助解决生活难题，确保小事不出居，着力构建和谐社区。与此同时，X社区党支部创新居民服务方式，实行"零距离、零漏户、零死角"的"三零"服务机制，及时解决社区居民邻里纠纷和日常生活、文化等社会化服务诉求，为社区居民提供更加全面的、针对性强的便捷化服务，不断提升居民在X社区的居住舒适度和生活幸福感。

2. 聚力文化建设，锻造社区公共空间

在社区党支部组织引领下，结合文化资源的历史传承和当代积累特性，延展出两类社区文化公共性的再生产脉络。一方面，党组织推动举办适应时代需要的文化活动，让积极向上的文化氛围弥散在社区治理场域。在社区评选好媳妇、好青年、好党员、好老人、好邻里、好家庭等。通过各种评比和物质奖励等方式吸引居民参与，逐渐形成居民之间友爱互助、和睦共处的社区新风尚；组织成立腰鼓队、器乐队、夕阳红乐队和广场舞队，使文艺宣传队伍不断壮大。社区党支部尽一切可以利用的现行文化资源，不断丰富居民的公共文化生活。另一方面，党组织发掘传统优秀文化资源，让积淀深厚的地方文化再次生根发芽，为厚植社区公共文化空间提供历史土壤。元宵闹花灯是W集镇传统的民俗节庆，属于集镇全体群众性活动，需要大量人力制作元宵花灯。随着年轻人的外流，花灯制作人力缺失。通过村居联建的方式，使X社区党支部与W村党支部进行联合，进行民主议事，采用小组负责制，让具有群众基础的党员担任组长，利用组长的作用带动民众参与其中，

初步形成"党支部—村小组—党员—民众"的传统文化再生产机制，这为 X 社区党建引领下的公共文化空间再造夯实历史资源基础。

3. 采用"五事工作法"，构建政治沟通纽带

在俞可平看来，政治沟通有助于政治决策和政治生活的科学化、民主化。同时，它还能够使公众的不满情绪得以适当宣泄，在一定程度上起到缓解矛盾冲突，维护社会秩序稳定的作用。在 X 社区，Z 作为党支部书记，扮演着"代理人"和"当家人"的双重角色，"始终以身作则，以此起到汇聚民心、沟通民意的作用。以房屋搬迁为例，同样作为受灾户，身兼支部书记的 Z 本可优先选择位置较好的前三排新建房。但 Z 秉持公平公正原则，坚持与其他居民一起抽签确定新房位置，"不能讲因为是领导，就要有特权和走后门，最终参与抽签，就抽到比较后面的位置去了"。

围绕党员干部，X 社区还制定了一套行之有效的民主议事程序，通过"听群众说""让群众议""帮群众办""邀群众评""向群众晒"等沟通规则，主动吸纳社区居民参与基层治理，搭建双向互动的有效平台。以"让群众议"环节为例，X 社区在邻里中心设置了议事厅，并由小区党支部牵头，采取个人自荐、组织提名、业主推选的方式，从小区党员和热心小区事业的业主中推选出小区自治代表，建立小区"居民协商议事会"和以楼栋为单位的楼栋议事会；并结合小区道德评议会，红白理事会，禁毒禁赌会推行小区业主集中议事日机制，定期召开楼栋议事会、小区议事会，由社区居民自行解决一批民生小事，从而提升业主主人翁意识，发挥党群议事沟通作用。

X 社区在建设初期面临党建缺位、组织混乱和服务缺失的治理困境，迎难而上，立足于自身实际情况，重视基层党组织的引领作用，通过建立社区党支部，发挥基层党建的政治领导、组织建设、服务拓展的作用，对 X 社区建设初期、党建引领力量尚未渗透到社区治理的发展阶段所出现的治理问题进行了有效解决。在 W 镇党委和政府的领导下，通过 X 社区所属片区党委和 X 社区党支部的引领，逐步形成了"乡镇党委—社区党支部—党员干部—党员"的联动模式，为同类型避灾、整合、寻求发展的新型农村社区提供了经验积累。X 社区的治理经验证明，在一个新生的、缺乏内在生成逻辑和外在干预制度的组织，要想谋求为人民服务的向好发展，首当其冲就要通过基层党建的引领作用将分散的力量进行整合，立足于地域的实际情况，充分发挥基层党组织的领导力、组织力和回应力，形成社区治理的合力，以谋求更高层次的发展。

但由于 X 社区目前仍处于不断整合和发展的过程中，尚未形成成熟的治理模式，在 X 社区的发展过程中，仍然难以避免出现各种治理问题。因此，需要用发展的眼光看待新生事物的成长。

第四章　推进市域社会治理现代化

第一节　市域社会治理现代化的提出

一、市域社会治理现代化的提出过程

"市域社会治理现代化"是一个新的概念，是"市域+社会治理现代化"的组合，是国家对推进社会治理现代化的总体要求在"市域"范围的落实，是推进基层社会治理现代化的关键一环。这里的"市域"主要指的是设区的城市的行政区域和层级。"市域社会治理现代化"是"以设区的城市为基本治理单位，以城区为重点、覆盖农村、城乡联动，充分发挥市级层面主导作用，在市域范围内统筹谋划和实施的社会治理"。作为社会治理领域的一种崭新提法，市域社会治理由空间范围、行动主体、治理手段、治理目标4个基本要素构成。从空间范围来看，市域社会治理是国家治理在设区的城市区域范围内的具体实施。由于设区的城市区域范围既包括城市行政区域的城市社区，又包括城市所辖区行政区域的城镇社区和农村社区，因此，市域社会治理是城市社会治理与农村社会治理的融合体。从行动主体来看，一方面，市域社会治理就是要突破现有行政层级内的"条块分割"，实现市域范围内行政链条上的合作，在纵向打造善治指挥链；另一方面，市域社会治理就是要整合党委、政府、群体组织、经济组织、社会组织、自治组织和公民等治理主体的多元力量，构筑协作平台，实现市域空间范围内多元力量的合作，在横向上构建共治同心圆。从治理手段来看，市域社会治理是市域社会治理主体运用党建、法律、道德、心理、科技、民规民约等社会规制手段开展的一种社会行动。从治理目标来看，市域社会治理的直接目标是化解市域社会矛盾、解决市域社会问题、协调社会关系、激发社会活力，终极目标是实现城市发展的和谐稳定，实现秩序与活力的统一。

二、提出市域社会治理现代化的重大意义

（一）市域社会治理在国家治理体系中的特殊定位

市域社会治理是国家治理的重要支点，是国家治理在设区城市的具体实施，是基层社会治理的中心环节和关键层级，也是承上启下的枢纽、统筹城乡的桥梁、跨界协作的纽带。

1. 市域社会治理具有承上启下的枢纽作用

与县域相比，市域治理对象更多样、治理问题更典型、治理体系更完备，需要市域层面加强顶层设计、进行宏观指导。与省域相比，市域直面基层一线，直面社会治理各类问题，需要拿出微观层面的操作方案和具体解决办法。市域社会治理是国家基层社会治理的核心，是一种可以弥合宏观国家治理结构与微观基层治理行为的联结式枢纽。市域社会治理既要贯彻落实好中央关于国家治理的大政方针、制度安排、决策部署和上级的任务要求，又要立足实际对本市域社会治理统筹谋划、周密部署、推动实践，是推进基层治理的组织者、领导者，所以，市域社会治理在国家治理体系中具有承上启下的枢纽作用，能够将国家和基层治理联系起来，抓住了市域社会治理这个关键环节，就可以收到"一子落而满盘活"的效果。

2. 市域社会治理具有以城带乡的引擎作用

城镇化是现代化的必由之路，也是乡村振兴和区域协调发展的有力支撑。市域作为城市和农村两种社会形态的结合体，是统筹推进城乡一体化的有效载体。城市的人口更加密集、产业更加齐备，服务功能也更加完善，因此，要充分发挥城市辐射带动作用，让优势资源、优质服务从城市"高地"流向农村"洼地"，推进城乡一体化、公共服务均等化，让治理成效更多、更公平地惠及城乡居民。

3. 市域社会治理具有以点带面的示范作用

长期以来，城乡二元分割体制导致城乡之间、区域之间的治理资源呈现碎片化、不均衡状态，流动社会的有效治理面临诸多瓶颈。一个突出的治理困境是"县域治理"能力不足问题，受职权范围、资源配置能力等所限，虽然地方治理创新不断，但难以冲出基层治理"内卷化"的困局，难以跳出"有创新无效率"的怪圈。现在各类新型矛盾的传导性、流动性不断增强，从酝酿发酵到集中爆发的周期不断缩短，牵涉的利益群体、资金往来、具体诉求等矛盾要素不断超越县域层级的职能范围。与此同时，县级政法公安力量已经难

以有效应对群体性事件，处理突发性事件，迫切需要市级层面发挥更有力的主导、统筹作用，在更高层面和更广泛的区域内进行组织、协调和处置，统一步调，集中力量，一体推进。

（二）市域社会治理在矛盾风险防范化解中的特殊作用

目前，一些最突出的矛盾和问题汇聚在市域，防范化解矛盾最坚实的力量支撑也在市域。

1. 市域社会治理是观察矛盾风险走向的晴雨表

市域社会治理这一崭新提法，是对新时代社会矛盾和社会问题的回应，也是对新时代信息化技术和智能化社会的回应，我国经济社会发展中出现的一些新问题、数字化社会带来的新矛盾往往最先在市域层面显现。秉承与风险共生共存的理念，分析掌握市域矛盾风险的规律特点，有利于从总体上把握我国现阶段社会矛盾风险态势，提高防范化解风险的预见性、时效性，推动社会治理从矛盾应对到矛盾预防，同时，力求在应对风险冲击时，城市能增强保持基础机能、快速分散风险、恢复正常运转的系统能力，实现城市的韧性治理和韧性发展。

2. 市域社会治理是守住安全稳定底线的主阵地

当前社会风险系统性、跨界性、传导性特点突出，出现了很多新的风险点。市域社会治理是一种效率最高、成本最低和影响最小的治理模式，可以把小矛盾、小问题解决在基层，把大问题、大风险解决在市域。推进社会治理现代化，要以市域为主阵地，充分发挥市域资源手段优势，从事前、事中、事后的整体视角进行防范，从源头、传导、转化的关键环节进行化解，防止矛盾风险向上传导、向外溢出。

3. 市域社会治理是满足人民群众新需要的大平台

城市已成为人民群众生产生活的核心空间和满足人民群众美好生活新需要的主平台，人民群众对美好生活的新需要直接体现于城市的基础设施建设和基本公共服务提供等方面，同时，城市又有充足的资源和手段能够及时、有效地满足人民的新需要。城市的人民性，就体现于最大限度地为人民服务和创造美好生活，所以，城市发展要从主动适应社会主要矛盾历史性的转变出发，从防范化解风险、建设更高水平的平安中国的高度，扎实推进市域社会治理现代化，通过市域的平安为全国平安奠定坚实基础。

（三）市域社会治理在社会治理中的特殊优势

1. 市域社会治理具有政策制定的自主空间

在大规模、流动化、多元化的现代社会，社会公共事务日趋复杂，社会治理必须透过法治保障系统内在协调，稳定主体间的互动预期和防范治理陷阱。相较县一级而言，地市级城市具备地方立法权的优势，具有比较完备的法治保障体系。设区的市的人民代表大会及其常务委员会根据本市的具体情况和实际需要，在不同宪法、法律、行政法规和本省、自治区的地方性法规相抵触的前提下，可以对城乡建设与管理、环境保护、历史文化保护等方面的事项制定地方性法规。这意味着，全国设区的市可以就城市建设、市容卫生、环境保护等城市管理事项制定地方性法规。

2. 市域社会治理具有大胆尝试的回旋余地

市域在探索社会治理政策和模式方面有更大的回旋余地，推进市域社会治理创新，有利于破难题、开新局，为推动社会治理现代化不断提供新经验、贡献新方案。目前，一些城市已结合地方实际积极开展了颇具特色的治理实践，例如，杭州市正在积极构建和完善以"三级三层六和六能"为主要框架的市域社会治理"六和塔"工作体系；厦门市正在进行"大数据与市域社会治理现代化应用模式"的探索。毋庸置疑，这些地方性探索实践将从多个角度和层面为形成市域社会治理现代化新模式提供有益经验，条件成熟后将成为市域社会治理的新样板。

总之，市域社会治理是国家治理的重要支柱，在推进国家治理体系和治理能力现代化中具有特殊意义。我们要深刻把握市域社会治理的特殊战略定位，以高站位、大格局、宽视野推动市域社会治理现代化，为实现国家治理体系和治理能力现代化提供有力支撑，也为基层治理困境的实质性破解提供新路径。

第二节　构建简约高效街道管理体制

乡镇、街道是市域社会治理的基本单元，只有把基层基础工作做实做强，才能打通市域社会治理的"神经末梢"。我国基层政权在农村指的是乡、民族乡、镇，在城市主要指的是区及其派出机构街道。街道办事处作为城市的基层政权组织，不仅是基层治理的"大管家"，也是党委政府联系人民群众的"代言人"，更是服务人民群众的"排头兵"。街道管理体制的有效运行，决定着党的各项政策能否扎实落地，人民群众的获得感、幸福感、安全感能否提升，国家治理体系和治理能力之基能否夯实。

一、我国街道管理体制改革的理论与实践探索

（一）理论研究的四种模式

近年来，学术界及全国各地纷纷开始探索街道办事处改革的方向与路径，主要可归结为 4 种模式。

1. 街道办事处政府化模式

该模式主张将街道办事处建设为"一级政府"，在城市形成"三级政府、三级管理"体制，也就是说，将街道办事处"由虚到实"建设成一级政府，拥有明确的法定地位与职能，拥有切实履行自己职能的权力，掌握一级政府应有的权力与资源。同时，通过健全相关法律，重塑街道办事处的机构，设立一级财政，引进相关人才，保障街道办事处作为一级政府的正常运作。

2. "虚区实街"模式

该模式是把街道办事处改为基层政府，把区一级政府改为派出机构。鉴于区政府的管辖范围较大，辖区人口众多，居民与区政府的联系较少，因此有学者提出可以适当合并街道办事处，在扩大街道管辖范围的基础上，在街道层次设置基层政府，同时将目前的区级政府改为市级派出机构，构建新的"二级政府、三级管理"体制。

3. 强化自身职能模式

该模式主张维持街道办事处的派出机构性质，同时强化综合协调职能，剥离其专业化管理职能。理顺街道办事处与区级职能部门的关系，剥离街道办事处的专业化管理职能，强化综合协调职能，街道办事处主要承担"组织者、倡导者、指导者和参加者"的角色，调动多方力量参与社区治理。

4. 撤销街道办模式

缩小区的管辖范围，由区政府直接指导社区建设，实行"二级政府、二级管理"体制。在原街道办事处体制下，街道作为政府派出机构，其职责应该是监督政府职能部门工作在基层的落实，但在实际工作中，街道办事处却成了政府职能部门转嫁工作任务的机构，疲于应付上级部门布置的行政任务。撤销街道办事处，可以把属于政府职能部门的工作全都剥离出来，将原属于区级政府的行政职能归还给区级政府，将社会服务职能剥离出

来，下沉至社区，同时强化社区服务职能，以更好地向公民提供公共服务。

（二）国内各地经验做法

1. 北京市

一是制定街道职责清单，"明确党群工作、平安建设、城市管理、社区建设、民生保障、综合保障等 6 大板块 111 项职责，其中，街道作为主体承担的占 24%，其他均为协助、参与。街道集中精力抓党建、抓治理、抓服务。取消街道招商引资、协税护税等职能"。二是推行街道"大部门制"改革。综合设置"6 室 1 队 3 中心"（综合办公室、党群工作办公室、平安建设办公室（司法所）、城市管理办公室、社区建设办公室、民生保障办公室、街道综合行政执法队、便民服务中心、市民活动中心、市民诉求中心），机构职能更加贴近群众需求，运行更加扁平高效。三是理顺"条块"关系。按照"赋权、下沉、增效"原则，围绕基层反映突出的、需要各职能部门一同发力办理的重点领域问题，厘清主次关系、细化各方职能分工，建立"街乡吹哨、部门报到"机制。四是建立"接诉即办"机制。全市在合并 68 个服务窗口热线的基础上，推出"12345"新市民热线，对群众通过热线电话反映的痛点、堵点问题实行"接诉即办"，由市政务局直接向 333 个街道乡镇派单，街道、社区完成对接服务，在"街乡吹哨、部门报到"机制保障基层有权有人承接相应职能基础上，实行考核闭环管理，以此从源头化解矛盾，作为特大型城市治理的突破口和着力点。

2. 上海市

一是完善街道职能定位。取消街道招商引资职能及相应的考核指标和奖励，街道经费支出由区财政部门全额保障。街道党工委主要履行加强党的建设、统筹社区发展、组织公共服务、实施综合管理、监督专业管理、动员社会参与、指导基层自治和维护社区平安等 8 项职能，以聚焦主责、突出主业。二是优化街道机构设置。全市统一设置党政办公室、社区党建办公室、社区管理办公室、社区服务办公室、社区平安办公室、社区自治办公室等，可根据实际需要，增设 2 个工作机构（如黄浦区增设了党群办公室和社区发展办公室），内设机构由原来的 15 个左右减为 8 个，有效解决了机构乱、效率低等问题。三是完善工作机制。首先，赋予街道对区职能部门派出机构负责人的人事考核权和征得同意权、规划参与权、综合管理权、区域内重大决策和重大项目的建议权等；其次，完善基层考核评价指标体系，取消了各区职能部门对街道的直接考核，将其统一纳入区委区政府对街道的综合考核；再次，实行了职能部门职责下沉准入制度，需履行准入程序；最后，健全信息整合共享制度，依法有序推动人口、法人、房屋等基础信息向街道开放。四是加强基层队伍建设。统一社区工作者队伍人员招聘制度，实行居民区党组织书记纳入事业编制制度，建立社区工作者职业化制度体系。

3. 武汉市

重构街道职责体系，重新定位街道职责为基层党建、公共管理、公共服务和公共安全"四个重点"及加强基层党建、统筹区域发展、组织公共服务、实施综合管理、监督专业管理、动员社会参与、指导社区自治、维护公共安全"八个方面"。重构街道机构编制配置，推进街道'大科室制'改革，统一设置党建办公室、公共管理办公室、公共服务办公室、公共安全办公室等，设置2个面向基层、贴近群众的街道综合管理服务平台——街道网格化管理平台和街道政务服务平台。重构街道制度保障体系，一是赋予街道对区职能部门派出（驻）机构负责人的人事任免和考核建议权、区域内事关群众的重大决策和重大项目的建议权以及综合管理权等；二是实行社区居委会协助政府公共服务事项目录管理，街道经费纳入区级预算统一安排和管理，建立由街道党工委牵头，对社区、街道党政机关、区职能部门及其派出机构进行自下而上、分类考评的评价制度；三是加强基层队伍组织保障，注重从优秀社区党组织书记中定向招录（招聘）行政、事业编制人员。

4. 铜陵市

安徽省铜陵市、贵州省六盘水市钟山区、北京市石景山区等陆续进行了撤销街道办事处的改革。其核心内容为：将街道原先承担的公共管理、服务、部分审核审批等职能全面下放至社区，而其他职能，诸如经济发展、行政审批及行政执法管理等职能由区政府相关职能部门回收。这样一来，原来"区—街道—社区"三级管理体制就变成了"区—社区"两级管理体制。其中最为典型、最为大胆，也影响最大的当属安徽省铜陵市。铜陵市改革的主要举措是撤销街道办，建立大社区，改革内容可概括为4个数字："1234"，即一个减少、两个实行、三个完善和四个强化。一个减少即撤销街道办，减少了管理层级；两个实行即实行了社区扁平化管理和网格化管理；三个完善即完善了社区公共服务体系、市场服务体系和社区义务服务体系；四个强化即强化了党的核心功能、居民自治功能、社会管理功能和居委会监督功能。经过一段时期运行后，取消街道办的模式并未获得实践成功（包括全国各地十几个中小型城市），社区公共服务中心和社区居委会的行政化倾向都比较明显，可见，权威治理体制的固化并不能通过简单地取消街道办加以解决。

二、构建简约高效街道管理体制的对策建议

(一) 街道管理体制改革的基本方向

1. 以党建引领基层体制机制创新

只有强化基层党组织的政治功能和组织力，使其成为有效联结各方、统筹协调指挥的坚强"轴心"，才能把街道社区、驻区单位、各个领域和各个行业力量整合起来，不断增强基层治理创新的内生动力。

2. 确立全周期管理的韧性治理目标

全周期管理是一种系统管理理念，树立全周期管理意识，在基层治理体系的构建上，要以治理对象的特点从系统集成的视角重新组织整个治理过程，摒弃"头疼医头、脚疼医脚"的做法，特别是在基层治理中要实现无缝衔接的闭环管理，通过系统布局、优化设置、完善制度体系打通基层部门之间的障碍和壁垒，畅通街道、乡镇政府与社会的双向互动，从而实现更加敏感、更加高效、成本更低的韧性治理。

3. 明确街道角色定位

在今天把抓基层治理作为长远之计和固本之策的治理环境下，曾经的"区政府的派出机关""政府行政管理体制的末梢"等定位已远远不能满足治理需要，作为灵敏感知经济社会发展和民生最突出矛盾问题的前沿关卡，街道办事处应以百姓认识政府的"窗口"、同政府打交道的"进出口"、对上对下政令畅通的"中转枢纽"、积极快速响应的"店小二"等作为街道管理体制改革的坐标来进行底层制度设计。

(二) 完善街道管理体制改革的具体路径

针对目前街道管理存在的普遍问题，在明确街道体制机制创新方向的前提下，借鉴各地经验做法，按照《中共中央关于深化党和国家机构改革的决定》中关于"构建简约高效的基层管理体制，加强基层政权建设，夯实国家治理体系和治理能力的基础"的要求，重点在以下方面深化街道管理体制改革创新。

1. 完善领导体制，理顺权责体系

街道体制机制创新涉及体制机制、人员资金、政策支持、法治保障等方方面面，必须从系统建设、整体建设通盘考虑，打造一贯到底、坚强有力的组织体系，才能统筹区域"条块"力量，推进和完善基层管理体制机制创新。主要包括以下几个方面：一是市委层

面整体设计，加强全域统筹。二是区委层面要一体推进，抓好全域统揽，特别是要着力把"条"上的资源和力量向"块"上聚集、向基层倾斜，发挥好监督落实、支持保障作用。三是街道层面全面兜底，加强协调推动。完善街道"大工委"，发挥聚力赋能、统筹协调的"龙头"牵引作用。在机构力量上，街道层面要专门设置党建办公室，负责对区域内基层党建工作的组织指导落实，同时，探索设立党群服务中心，面向区域内党组织和党员群众开展服务，注重扩展"大工委"兼职委员单位覆盖范围，建立属地党组织和行业系统部门党建工作年会制度、轮值制度、专业委员会制度，实现城市基层党建整体效应的倍增。四是社区层面服务聚拢，强化组织延伸，落实街道党工委部署的各项任务，做实社区"大党委"，对辖区内小微企业和社会组织党建进行兜底管理，注意调动辖区单位资源力量，发挥好服务延伸、引导共治的一线战斗堡垒作用。

2. 尽快出台地方法规，推进法治保障

街道办事处立法工作过程中，应重点关注5个问题：一是强调党的领导，街道办事处在中国共产党街道工作委员会的领导下，按照职能清晰、权责一致、运转协调、保障有力、依法高效的原则履行职能。街道办事处接受同级党工委领导和区政府层面行政领导的机制应在法规层面确认。二是梳理街道主要职能，特别是要强化街道办事处组织公共服务、实施综合管理、监督专业管理、动员社会参与、指导基层自治、维护社区平安等方面的职能，推动街道工作重心切实转向公共服务、公共管理、公共安全。三是明晰机构和人员设置，为确保街道办事处的职能定位和工作职责得以落实，要对街道办事处合理配置行政编制和事业编制，以及对社区工作者的制度内涵、管理体制、保障机制等内容作出规范要求。四是理顺"条""块"关系，促进"条"和"块"的双向支持、双向监督，更清晰地将推动"条"的专业性和"块"的综合性相结合。五是加强保障和监督，落实街道对其履职所需的经费、办公用房、信息化、人才等方面的保障，确保街道办事处的运行效率。

3. 完善各项运行机制，确保统筹有力

一是按照权责清晰、功能集成、扁平一体、运行协同的原则，深化街道各内设机构与部门派驻机构的工作统筹，完善相关机制，全面落实街道党工委对区职能部门派出（驻）机构负责人的人事任命权和考核建议权，对区职能部门派出（驻）机构的综合管理权，街道统筹协调和监督考核职能，切实增强街道统筹协调职能。二是建立街道综合执法领导协调机制，为统筹协调街道辖区各类执法监管力量，形成执法监管合力，可以设立街道综合执法领导协调小组，组长由街道党工委书记担任，成员由辖区内各类行政执法监管机构的

负责人组成。三是按照权责一致的原则，编制街道权责清单制度，经区市县党委、政府审定后对外公开。今后凡未列入清单权力事项，一律不得要求街道承担，凡未列入清单责任，一律不准追究街道责任。严格落实社区工作准入制度，凡未录入《社区工作准入目录清单》的事项，不得要求社区承担，以此推进社区治理和服务提能增效。四是完善基层考核评价制度，把取消经济考核指标落实到位，逐步加大对街道的公共服务、公共管理、公共安全等方面的考核权重，建立"反向考评"机制，建立社区考评街道、街道考评区市县职能部门的考评机制，扩大群众的参与权、评价权，把群众满意度作为重要的评价指标。

4. 培育多元社会主体，激发社会活力

一是鼓励街道通过购买社会组织服务的方式培育社会组织，尽快出台街道层面购买服务实施细则及相关的配套文件，同时明确街道购买社会组织服务项目的责任部门、对接内容和对接方式，签订合同，做好对接。二是建立以街道社区服务中心为依托的社会组织服务（孵化）中心，为社会组织的发展、成熟提供资金、信息、项目、政策等多方面服务。建议这种服务中心采取"以社带社、以社帮社"的形式，通过专业的枢纽型社会组织孵化其他类型社会组织，特别是生活服务类、公益慈善类的社区社会组织。三是在具备条件的街道尝试建立以社区为平台、社会组织为载体、社会工作专业人才为支撑的"三社联动"新型社区治理和服务模式，街道做好实施场地、工作人员和配套资金等基础保障。

5. 加大信息整合力度，做实精细服务

治理与服务是现代城市发展的必由之路。"网格化+智慧化"模式是实现精细化治理与服务、体现城市治理"绣花功夫"的重要途径。要不断总结以往成功做法，做实做细关键环节，用小网格推动大治理、实现大服务。一是要加强数据资源整合。在智慧城市建设总体布局下，对基层党务、综治、城管、民政、信访等数据资源进行深度整合，打通各领域、各部门间的"数据隔离"，同时，以各街道综合服务中心为重要载体，统筹对接上级各部门延伸到街道、社区的信息网络系统，实现区、街、居三级实时互联互通、信息共享和业务协同。二是街道层面，建设以网格为基础的数据库，将原有的多个网格进行整合，将服务资源与管理项目全部纳入网格并规范技术标准。可学习深圳经验，在个别街道试点研发应用块数据，再造主动推送的服务流程，创新基层公共服务提供机制，扎实做好重点人群分类服务，建立多元化服务供给机制，并强化反馈与考核，利用后台大数据、云计算功能，对交办单位的整改情况及时反馈给上报人，对解决群众问题的时限、效果、群众满意度等实时更新，形成"问题反映、后台交办、进度查询、办结反馈"的"四级"闭环处置机制，为网格基层治理体系提供技术手段的支撑和快速响应的保障。三是社区层面，利用移动互联网、大数据、视频分析、物联网等高科技手段，开发"智慧综合管理平台"。网格员发现群众身边问题，实时收集群众诉求，及时通过手机 APP 上传到区、街综合治理平台，统一分拨到相关职能部门处理，着力实现"让数据多跑路，让群众少跑腿"。四是加大数字科技支持力度，强化数字科技应用，建好市、区、街道、社区四级信息平台，并实现"无障碍对接"，让基层组织都能通过信息平台实现"穿透式管理"。要注重大数据技术的挖潜运用，探索建立基层大数据库，通过量化计分、实时监测、动态分析、综合评价、预警提醒等方式，实现对社情民意的快速掌握，提高基层管理的精确化、智能化水平。

6. 政策留人，为基层提供人才保障

不仅要加强教育，让年轻干部在思想上热爱基层，更要创造条件，营造正向激励的制度保障。一是要提高基层工作人员待遇，适当提高乡镇和涉农街道工作补贴，确保街道干部收入高于市、区部门同级别人员，年度考核优秀等指标高于全区平均水平；二是要打破基层乡镇街道年轻干部职业晋升的"天花板"，加大提拔使用力度，尤其加大对基层年轻干部的使用力度，可以从街道事业编制人员中选拔街道领导干部，从优秀的社区党组织书记中定向招录一定数量的公务员和事业编制人员；三是要继续建立健全"城干下乡""乡干进城"双向畅通体制机制，使优秀年轻干部"下得去""上得来"，形成合力互动、良性循环的用人导向；四是要建立定期转岗的流动机制，除党政一把手和特殊岗位分管领导实行定期轮岗外，还应规定一般公务员在某一岗位工作满一定年限必须转岗，以岗位的变化带动公务员求学的积极性。

第三节　数字赋能实现"整体智治"

当前，区块链、人工智能、大数据、物联网等新兴技术的创新发展和社会应用突飞猛进，正在给社会治理的内涵、体系、方式及能力带来创造性变革。置身于人工智能时代，找准社会治理现代化的历史坐标、洞察社会治理现代化的时代交汇、把握社会治理现代化的未来趋向，具有重要意义。

科技创新是社会治理现代化的重要支撑，科技创新为社会治理现代化提供了技术路径，不仅推进了技术工具的进步，其所蕴含的探索精神、创新思维也在塑造着公众气质和社会治理的新实现方式。目前我国正处于新全球化、第四次工业革命与社会转型"三重叠加"的历史交汇期，社会治理领域对科技的需求具有历史必然性。党和国家高度重视社会治理现代化工作，社会治理智能化、社会治理的科技支撑一直是党和国家关心的重要议题。"智能化"成为推进社会治理体系和治理能力现代化的重要方式，各地也开始积极探索社会治理的智能化路径。在推进市域社会治理现代化进程中，如何进一步完善有利于科技支撑的社会治理体制机制，为我国社会治理现代化提供更加科学、高效的"智治"方案，提升治理效能，应成为政策研究与社会治理实践中的重要问题。

一、风险社会治理亟待数字赋能

（一）贝克的风险社会理论

"风险"是个不断发展的概念，最初的风险主要是指由客观存在的自然现象所引起的风险。随着工业时代的到来，"风险"的概念逐渐有了新的释义。德国的乌尔里希·贝克（Ulrich Beck）是最早探讨"风险"的社会学家之一，他使"风险"一词成为理解现代性社会的一种核心观念，并且首次提出"风险社会"的概念。贝克指出："风险是个指明自然终结和传统终结的概念。换言之，在自然和传统失去效力并依赖于人的决定的地方，才谈得上风险。它表明人们创造了一种文明，以便使自己的决定带来的不可预见的后果具备可预见性，从而控制不可控制的事情，通过有意采取的预防性行动以及相应的制度化的措施战胜种种（发展带来的）副作用。"贝克所提出的现代化风险就是指人造的风险，具有不可感知性、整体性、人为不确定性、建构性、平等性、全球性以及自反性等特征，从而与传统意义上的风险进行了区分。在由人类推动的现代化和全球化进程中，风险不会消亡，它会不断更新，彼此相互影响、互相交织甚至相互转换，以更为复杂多元的形式出现，人类本身及其生存环境可能或现实出现的损失与毁灭状态无处不在、无时不在，且随时变化，这样的社会就是风险社会。现代化风险突破了地区的界限、民族国家的界限，以跨地域的方式进行传播，风险逐渐演变为全球化的风险，在此意义上，风险社会也是世界风险社会，所以，无论是发达国家还是发展中国家，无论是资本主义国家还是社会主义国家，皆被风险围绕，并不得不面对更多的风险。

（二）风险社会的治理困境

风险社会理论敏锐地揭示了现代社会变迁的本质特征，为理解现代社会提供了独特的理论视角。风险社会紧随工业文明悄然而至，成为当今时代的标志性特征之一，风险社会的应对也成为现代国家社会治理中不可避免的问题。风险社会的社会生态具有独特特征，在工业社会理性逻辑基础上建立的治理体系无法有效应对现代风险，风险社会的风险治理实践面临着一系列行动困境，主要体现为以下几个方面：

1. 难以准确预测风险

风险社会的风险主要是人为制造的风险，这类风险具有不确定性，它既源于风险事件及行为发生的难以预测性，也源于我们对风险的直接后果与间接后果理解与把控的不确定性。从来源解释，风险是理性膨胀的必然结果，现代风险社会的风险主要来自人的知识、决定以及过度实践，作为内生的风险，其是人类的决策和行为和各种社会制度，尤其是科学进步、工业和市场制度、法律制度等共同运行的结果，所以，作为现代理性产物的风险在被控制的过程中又会引发出更大的难以控制的风险，这本身就是无法解决的困境和悖论。

2. 难以有效应对风险

风险治理的制度逻辑与风险演变规律的不匹配使得社会治理难以有效应对风险。有大量风险，人们可通过观察分析，并运用概率论和数理统计的方法得出其中内在的规律，推算出发生的概率和损失程度，作出风险评估并制定出制度体系。但由于风险的动态性及不确定性，制度治理的针对性和边界性，以制度化的方式化解风险，总体来说是一种经验治理、事后治理，正所谓"计划不如变化快"，以制度的确定性来对抗风险的不确定性，在无法真正化解风险的同时，反而可能衍生其他各种风险，或者是将外在风险转化成了内在风险，从而增加整体的社会风险。此外，制度本身可能就是导致风险产生的原因之一。在贝克总结的五大风险源中，组织制度就是其中之一，在制度制定时有"设计错误"的可能，在决策过程中有"操作失误"的可能，所以解决风险的过程可能带来新的风险。

3. 难以划分追究责任

风险社会是缺乏风险责任机制的社会。风险的产生是各个主体共同作用的结果，可是各个行动主体却可能出现有组织地不负责任的情况，在风险面前，公共机构、制度和政策显得软弱或无效，它们未能担负起事前积极预防、事后有效处置的责任，政府、专家和企业不能兑现对公众安全利益的承诺；政策制定者、公司和专家结成的联盟制造了社会中的风险和危险，然后又都想方设法推卸责任，掩饰灾祸的真正起因并取消应有的补偿或控制。结果就是在风险出现后无法界定风险的责任主体，责任边界模糊不清，在无法分责和追责的情况下，单一部门的行为逻辑只出于符合规定而非规避风险，这会加大规避风险和风险治理的难度，甚至在一定程度上推动风险的产生。

（三）风险社会对市域治理的新要求

风险社会中，更复杂的社会治理环境、更多元的治理主体、更动态的治理过程、更不确定的治理结果已然成为常态，新的治理问题不断涌现，新的治理模式亟待创新。传统的城市管理模式在今天的风险社会中早已疲于应对，其碎片化治理方式、滞后性治理效果不仅不能化解风险，还有可能加速风险演变升级。破解大城市基层治理难题，解决基层治理碎片化问题，需进行"整体"治理，实现治理的总体性、互动性、协同性；改变消极滞后的被动式治理，需进行智慧治理，充分发挥科技支撑社会治理的作用，实现治理的精细化、高效化、共享化。数字赋能实现"整体智治"在很大程度上能够回应上述两个核心诉求，如何发动多元主体、整合多方资源、主动利用技术手段优化资源配置，提高基层治理效能，形成城市风险治理各环节衔接流畅、协同合作、高效运转的市域社会治理新模式，是当前需要探讨的重要问题。

二、"整体智治"的内涵及优势

（一）"整体智治"的内涵

"整体智治"是一个将理念创新、制度创新与技术创新相结合的新概念，即以无缝隙政府理论为基础，融合整体性与智慧性的治理模式。整体性要求多种治理主体通过完善的制度设计协调沟通、有效整合，协力开展公共事务治理，以实现治理的完整性、流动性、灵活性；智慧性要求治理主体在广泛共享大数据系统信息的基础上，推动场景化、智能化应用，促进多部门、多业务的协同，实现精准高效的公共治理。科技支撑为社会治理体系构建提供了一种非制度性技术支持，也促成社会治理体系向"智治"发展的可能性和可行性。"整体"与"智治"是辩证统一的，"整体"是"智治"的发展方向和目标，"智治"是"整体"的实现路径和手段。

"整体智治"需要满足至少三个条件：第一，社会实现数字化。"整体智治"是数字社会建设的结果，数字社会建设是"整体智治"的前提，其中，政府数字化转型，即公共治理活动的数字化，并进而推动政府职能转型是关键环节。第二，整体化的治理实践。即治理主体作为一个整体回应公共治理需求。第三，精准有效的需求回应。即公共治理主体具备精准识别诉求、动态感应和靶向治理等基本特征，及时准确地回应特定的公共治理需求。

从理论上来说，理想化的"整体智治"可以达成以下目标：第一，突破原有的治理碎片化困局，通过科技支撑再造政府流程，形成共享同一目标，采取一致行动的"整体性政府"，真正构建起网络化、整合式、闭环式基层治理体系。第二，多元主体建立协作关系，解决原有基层治理资源和能力不足问题，健全治理共同体体系和完善全过程治理机制。第三，通过实时监测、预警设置、动态调整、决策优化达成全领域、全时空、全生命周期的治理。第四，通过在线沟通、协商议事、网络参与等真正融合全社会的力量，实现共同生产、协同治理。

（二）"整体智治"的优势

1. 显著提升社会治理的科学化、精细化

从市域层面来说，"整体智治"推动现代科技与社会治理深度融合，打造人机协同、跨界融合的工作模式，实现人力驱动向数据驱动、事后处置向主动预防的转变，实现精准研判、精准预测、精准施策、精准发力的靶向治理，提升市域社会治理精度。

从街居层面来说，以网格智慧化为主要方式赋能基层治理，使精细化治理延伸到城区各个"神经末梢"。新技术的广泛应用为城乡"网格化"管理注入更多的科技含量，例如，通过"一次录入、多方调用"，搭建居民办事证照资料库，破解多平台反复录入的难题；再如，社区网格员通过手机 APP 即可及时掌握网格内发生的情况，减轻基层工作负担。此外，依托平台数据交换和社区感知设备丰富"智治"功能场景，如"电子保姆"等，加强社区人性化服务，提升基层治理的温度。

2. 便于实现社会治理的协同性、高效性

一方面，从政府视角来说，充分准确的信息共享可以有效解决信息不对称及能力不足造成的治理缺位、滞后问题，这是多主体参与应对重大突发事件的前提。政府部门通过"城市大脑"等数字治理平台，推进数据汇集、数据分析、数据共享，建立起以大数据为支持的综合防控体系，为治理决策和执行提供参考，提升了社会治理的效度。此外，从政府内部的系统联动来说，事务处理由原先政府的某个部门牵头履职转变为多个部门联合执行模式，整合党政部门资源，以"块"为主、信息共享、综合执法、力量联合成为整体性治理的常态。

另一方面，从社会视角来说，"整体智治"能够激发各方参与的内生动力，按照"条块"结合、"块"抓"条"保的原则，探索与数字应用相契合的运行模块，再造闭环处置流程，根治社会治理中量大、面广的顽症，提升了社会治理广度。

三、"整体智治"面临的挑战

（一）治理"一盘棋"思想仍需强化

"整体智治"强调理念的创新，但在实际工作中，一些领导干部的治理理念还相对陈

旧，仍以部门为本位，维护部门利益与规避部门责任倾向同时存在，部分政府部门对于某些前沿技术的认知度较低，缺乏以数据为基础的精确管理思维，数据意识十分淡薄，运用数据的意识、手段和方式还不够成熟，习惯于经验式管制模式，一定程度上阻碍了科技应用在社会治理领域的价值共创。在治理实践中，由于缺少"路线图""施工图"的初始设计方案，阻碍了城市"智治"化进程。

（二）全市"一张网"平台仍待完善

开放共享的数据体系是市域治理现代化的核心任务。目前仍有不少城市各类数据平台整合不到位，各类系统之间没有实现高水平互联互通，信息共享不能高效快捷，未能形成全市"一张网"。例如，一些城市要么历史数据没有实现电子化，无法提供对外共享服务；要么信息系统多达数百个，缺乏统筹，系统间数据不通，内部存在不同程度的"信息孤岛""数据烟囱"现象；要么业务系统性能不足，难以支撑面向公众的服务应用。总之，很多城市数据壁垒尚未有效打通，数据归集尚未全面覆盖，数据开放和应用规则尚未完全建立，越是到基层，智慧化基础设施建设就越为滞后，甚至缺少基本的网络沟通和联络平台，基层工作人员对"智治"的理解仅仅停留于通过微信群、QQ群发布消息，安排工作的粗浅认识阶段。

（三）工作"一张单"运行机制仍待健全

以网格化为例，虽然网格化管理遍地开花，但很多地方的各职能部门在联动执法、联合处置方面没有真正形成工作合力，未能发挥出网格化治理的强大优势，虽然网格员将及时发现的问题通过系统上报，但大多数问题最终还是返回社区，社区又无力解决，导致上报的事项大部分是垃圾清理、车辆违停、居民办证等易处理事项，而安全隐患整治、违章拆除等难度较大、不易解决的事件往往没有被及时上报。

（四）社会"一家人"治理格局仍未形成

社会治理实践中多元主体的参与整体来说积极性不高，数量庞大的公私企业、能量巨大的事业单位、社会组织、公民等还未主动、完全、深入地参与到治理过程中，他们的力量在基层治理和服务中还未得到充分发挥。在治理体系中，党委政府部门是治理的核心，但其核心地位应表现为掌舵、引导和保障，而不是仅靠对数据、信息和资源的垄断获得其他主体不可比拟的优势；其他治理主体由于信息不对等、渠道不通畅、制度没有实质性保障等主客观原因而导致参与不足或表面参与的现象仍然存在。

（五）信息安全保障难度较高

虚拟社会开辟了治理的新空间，但在信息自身的安全方面存在诸多隐患，容易造成巨大损失。当前，我国还缺少专门针对数据开放、公民信息保护的法律规范和安全的数据信息保密技术，政府缺乏在数据采集、存储、处理等环节的针对性问责机制，因而容易出现互相推诿、无人担责的空白地带。此外，由于网络空间身份的隐匿性和行为的难控性，集体行动更易发生，这种集体行动一旦被别有用心的人控制、误导，可能会引发网络群体性事件，严重影响社会的和谐稳定，对社会治理构成巨大的威胁。

四、"整体智治"的实现路径

面对日益复杂的基层治理难题，需要深入研究，探索一条既符合"整体智治"理念又符合城市发展客观实际的"智治"之路。

（一）树立"整体智治"理念，做好顶层设计

一是应坚持开放和共享的理念，改变以往的政府为本位思想，确立以公民需求为本位的导向，使群众和企业办事从"找部门"转变为"找政府"，使党机关服务方式从"碎片化"转变为"一体化"，建立高效率的行政模式。

二是党员领导干部要主动适应信息化要求，通过培训学习，强化互联网思维和大数据思维，推进政府决策科学化、社会治理精准化、公共服务高效化，不断提高对互联网规律的把握能力、对网络舆论的引导能力、对信息化发展的驾驭能力、对网络安全的保障能力。

三是要加强前瞻性思考、战略性谋划，做好"整体智治"的顶层设计，从提高市域治理的水平、增强市域治理的效能出发，把"整体智治"融入城市发展定位中加以明确，依托智慧城市或者数字城市建设整体推进，加强多规融合，避免分散规划、分散建设。

四是在推进"整体智治"的过程中，还应以点带面，聚焦营商环境、城市安全、社会治理等重点领域，通过技术创新和配套机制改革，推动智慧技术与城市经济社会确定的重点任务深度融合和创新应用。

（二）推进大数据平台硬件建设，促进数据互通

"整体智治"以硬件设施建设和数据互通为重要基础。从市域层面来说，要加快构建城市大脑，围绕城市运行中涉及的城市管理、社会治理、应急管理和公共安全等方面，通

过数据汇集、智能应用、大数据分析和职能重塑，构建集运行监测、可视化调度、应急联动、资源调配、智慧决策为一体的城市大脑；以政务服务一体化平台、城市运行管理平台、企业综合服务平台等几个重点平台建设为抓手，切实加快城市智慧化变化、改善市民生活感受，提升社会认同度；开发和制定统一的数据开放、共享应用的规范标准体系，推动数据采集标准化，预留足够的发展空间。

从街居层面来说，要健全优化网格管理，数据资源要真正下沉到街居一级，在整合基层党建、城市管理、社会综合治理等各类资源，变多种网格为基层治理"一张网"的基础上，进一步优化网格物理设置和职能设置，规范网格运行机制，通过"网格化+智慧化"的深度融合和互动发展，织密基层治理和服务的"经脉网络"，形成"1+1>2"的效果。

（三）理顺协同机制，实现跨部门、跨主体合作

"整体智治"要以数据共享为基础，建立政府部门之间以及政府与企事业单位、社会组织等共同治理的正式制度，为此，在市域层面，政府应进一步完善权力清单、责任清单，在梳理各部门、各主体职能和能力基础上，根据公共治理需求，反推"整体"所需要的信息基础、部门和主体职能，确定部门间和主体间的协作模式，加快政务数据归集、应用、共享和新流程再造的工作进度。从街居层面，完善"区域共商"协调机制、"区域共享"服务机制、"区域共管"管理机制，通过公共服务、城市管理、市场监管、安全生产等平台的充分融合，寓管理于服务，实现全面协同、运转顺畅、有机融合。从社会整体来说，要健全跨界协调机制，形成政府、产业、企业、社会数据的对接制度，建立跨主体、跨平台的数据提取和数据追溯机制。

（四）开展民主协商，激发社会活力

科技不仅"赋权"公众，开启公众参与的全新话语时代，还"赋能"公众，扩大公众的参与渠道、提升公众的参与能力，"科技支撑"可以有效解决传统的社会治理模式中公众参与不足问题，从而激发其参与热情，保障参与效果，形成"整体"合力。首先，建立有效的开放合作机制，构建政府、市场和社会各方协同共治的数字治理生态体系，重塑数字治理和数字经济、数字社会建设之间的关系，营造良好的数字治理生态体系。其次，完善基层民主协商机制，引导社会公众广泛参与治理过程。例如，将"社区议事会"等民主协商机制嵌入小区"微治理"全过程，积极搭建居民说事、议事、评事平台，推动形成"大家的事大家商量着办"的小区"微治理"有效机制。再次，加快数字化协商参与平台建设，推动数字协商广泛多层制度化发展。例如，加强各类社会组织和人民团体数字化协

商能力，并对数字化协商的程序、结果等提供完善的制度支持和制度保障。再如，强化群众需求侧信息感知，利用在线社交、融媒体等互联网平台和"民情热线""民意直通车"等电视电话沟通平台，畅通拓宽民生诉求信息收集和办理反馈通道，激发市民参与城市治理的活跃度，提升公众数字化转型的"获得感"。

（五）做好信息防护，确保信息安全

数字社会的发展，必须把保障数据安全放在突出位置，我们应着力解决数据安全领域的突出问题，有效提升数据安全治理能力。一是政府部门业务数据最为敏感、最为全面，要加强保护自身信息平台安全的技术把控，还要制定一个完整的开放标准，避免数据开放带来的隐患。二是加强对信息安全的监管，政府要紧盯市场，保证市场上的数据是在法律允许的范围内流动，特别是加强对互联网领军企业的监管，发挥好行业导向作用。三是完善数据安全和隐私保护法律保障。随着各国逐渐认识到大数据安全的重要性，很多国家和组织在推动大数据利用和安全保护方面都制定了相关的法律法规和政策。四是发挥区块链技术在数据安全方面的作用，借助其分布式存储能力和不可篡改等特性，保障数据的完整和真实，实现数据追溯，以确保隐私数据不被滥用，打造高效、安全、透明的数据共享环境。五是提升企业、社会组织、公民自身的信息安全意识，注重自我信息保护，加强信息安全治理。

第五章　构建基层治理平台与加强基层工作队伍建设

第一节　构建高效共享的基层治理平台

一、基层治理平台的探索与成效

各级党委、政府越来越清醒地认识到，社会治理的重点和难点都在基层。以乡镇（街道）和村（社区）委员会为主体的基层直接面对及服务群众，基层治理水平的高低直接反映和决定着整个国家的社会治理水平。

（一）基层治理平台的提出与界定

中国正处于信息化、互联网乃至物联网深度发展的时代。信息化与互联网为信息互通、资源共享、社会合作提供了极大的可能性和便利性，既给社会治理带来挑战，也给社会治理方式创新带来机遇。中国政府充分意识到新一代"互联网+"技术与社会治理服务融合在社会治理中的重要作用，把它作为提升社会治理精细化水平的有力支撑。当前，各种形式的基层治理平台纷纷涌现，这既是信息化在社会治理中的实践，也给理论研究提出了课题。

1. 基层治理平台提出的背景

近年来，各地按照"重心下移、力量下沉、保障下倾"的要求，推进基层治理体制改革。很多地方进一步把社会服务与城市职能下沉到基层，发挥基层开展公共服务、统筹辖区治理、组织综合执法、指导社区建设等职能。社区建设进一步得到加强，政府向社区投放和转移的资源更多。同时，遵循社区治理规律，动员居民委员会、社会组织、物业公司、业主委员会、驻区单位等各方面力量，搭建社区成员交往交流的平台，鼓励和支持社区成员互帮互助，加强社区公共事务民主管理，增进社区成员的联系，增强社区成员的社区认同感和归属感。

因此，对基层治理而言，既要满足多样化的社会需求，又要降低管理成本，提高管理效果，最大限度地增加公共利益。而在多元化的治理体系下，需要政府、社会组织、公民有效的互动参与，这就需要一个可以实现信息广泛和快速传播的技术平台支撑。实践中基层的现实需求与信息时代大浪潮的两相结合，构成了基层治理平台提出的大背景。

2. 基层治理平台的界定

基层治理平台是一个较新的提法。由此可以看到，此次中央政治局会议审议的《关于加强基层治理体系和治理能力现代化建设的意见》用基层治理平台代替了原来的基层管理服务平台，将平台的内涵和外延做了进一步的提升，而不仅仅停留在管理和服务层面。这一要求所要解决的主要是基层治理的阵地、手段、条件问题，是提高基层治理水平的技术基础，是补齐此次新冠肺炎疫情防控中暴露出的基层治理平台相关短板的重要举措。

长期以来，党中央致力于全面深化改革，推进跨层级跨部门跨区域的合作治理，平台治理的思路呼之欲出。由于基层治理平台刚刚提出不久，目前为止并没有官方权威的定义。一般认为，平台治理是通过新的工具、实践和方法，精简组织结构和流程，打造互联互通的公共平台，实现利益相关者互动协作解决社会问题的治理方式。

综合党中央关于基层社会治理的重要文件和基层已有的实践来看，网格化无疑是非常突出的基层治理平台探索之一。网格化管理模式是运用数字化、信息化手段，以社区、网格为区域范围，以事件为管理内容，以处置单位为责任人，通过管理信息平台，实现网格内单位联动、资源共享的社会治理模式。

当然，网格化并不是基层治理平台的全部。"网格化管理、精细化服务、信息化支撑、开放共享"四个维度缺一不可。其中，网格化是基础，没有网格化的管理，就难以形成精细化的服务，信息的采集和共享也难以做到及时和规范；精细化是目的，是基层管理服务平台以人民为中心的重要价值所在；信息化是实现网格化、提升精细化、促进共享的技术基础和支撑；开放共享是平台服务管理的基本要求。

（二）基层治理平台的优势与成效

显而易见，科技赋能是基层治理平台的主要优势。数字化是科技支撑的重要表现，进一步说，主要体现为获取、整合和分析各种数字与信息，提升了基层治理的效率和透明度。

1. 收集更多的社情民意

对基层政府而言，了解基层社会的具体情况是开展基层工作的第一步。在科层制体制下，收集更多的社情民意并进行筛选上报也是其自身所系的职责。信息技术被应用于基层治理之中，原先分散的社会治理信息被一定程度归集在综合信息系统，再加上线下工作人员的介入，有效缓解了基层政府社情民意的采集压力。

互联网高速发展的一个突出特点是，网络产品从内容服务延伸到生活服务，从中心城市下沉到三四线城市和广袤的农村。通过大数据掌握社会舆情的全貌、反映群众诉求与"测量民心"；用人工智能有效掌握舆情变化的规律和动向，精准推送政府服务；用云计算进行大规模信息处理；用区块链建立新的信任机制。

随着互联网用户下沉至基层城乡社区，辐射范围更广，为社会治理带来诸多便利。具体表现为：一方面，基层政府可通过基层治理平台更新并核实网格重要信息，包括：常住人口、流动人口、重点人员、帮扶对象、重点场所等。另一方面，行政部门通过综合信息系统能接收到更多的社会治理信息，一定程度提高了行政部门的灵敏度。

2. 打破单打独斗的局面

上面千条线，下面一根针。压力型体制下的基层政府承担着纷繁复杂的治理任务。然而，"看得见、管不着"和"责任大、权力小"却是乡镇政府、街道存在的普遍现象。从北京市基层政府开始的"乡镇吹哨、部门报到"，就是很好的平台治理实践。按照"区属、街管、街用"的原则，北京市将区职能部门执法力量下沉基层，在街乡建立实体化综合执法中心，普遍采用"1+5+N"模式，即1个城管执法队为主体，公安、消防、交通、工商、食药5个部门常驻1~2人，房管、规划、国土、园林、文化等部门明确专人随叫随到。这里的实体化综合执法中心其实就是很大程度上的基层治理平台。以北京市"乡镇吹哨、部门报到"实践为代表的基层治理平台，实施的是属地化管理的思路，再利用信息科技的支撑加以强化。

属地管理赋予乡镇政府对基层站（所）与派驻部门力量的直接管理权，可以有效避免"看得见、管不着"和"责任大、权力小"的问题，使治理资源和治理人员能够真正地在一线发挥作用。更为重要的是，基层治理平台可以有效地消除部门联动的一些阻力。在传统的基层治理模式下，想要协调多个部门来解决某一问题是比较困难的，因为这需要大量的沟通，从而涉及会议和扯皮。基层治理平台的建立，让原先分散的行政与执法力量得到一定整合，让部门联动不再困难，打破以往单打独斗的工作局面。

3. 有效提高治理的效能

在基层治理实践中，基层治理平台的建立能够有效提升治理的效能。基层政府充分利用信息技术手段，加强治安的人防、物防、技防，创新社会矛盾化解方式，加强对重点场所和人群的服务管理，推行社区网格化管理；另外，各地加大对社会服务的投入，建立社区居民服务中心、便民服务中心，使社区有钱为群众办实事，有人为群众解难事。不少地方开始建设社区信息亭、社区信息服务终端等公益性信息服务设施，推进社区公共服务综合信息平台建设，推进一号申请、一窗受理、一网通办，强化"一门式"服务模式的社区应用。基层治理平台的运行，有效简化了居民反映诉求的渠道与方式，也为提高社会治理效率奠定基础。通过统一的信息系统，无论是网格员报送的信息，还是群众投诉反映在APP上的信息，都被统一进行归集、分流，高效快捷地得到处置。

（三）基层治理平台的实践案例

基层治理平台实践取得的成就，得益于各地干部群众在国家政策推动下，结合实际改革创新。在此过程中，形成了一些宝贵的经验。由于各地的探索实践在先，基层治理平台的概念提出在后，这里列举的案例并不全面，目的在于体现基层治理平台的创新性。

1. 基层治理四平台

浙江省"基层治理四平台"设计总体框架涵盖省、市、县、乡、村网格五级，按照"全省一盘棋、市级抓统筹、区县负主责、镇街强基础、网格为底座"的设计理念，实现系统联通、信息支撑、数据驱动、流程再造，推进基层治理相关数据统一共享、业务协同联动，迭代完善平台各项功能，进而健全以综合指挥、属地管理、网格化服务管理等运行机制为支撑的覆盖市县乡村网格的基层治理体系。

基层治理四平台是一个资源集合平台，它将分散的行政力量和社会治理信息进行归集、整合，通过归类梳理，形成综治工作、市场监管、综合执法、便民服务四部分，"四平台"建设的核心是建立一个县乡联动、功能集成、反应灵敏、扁平高效的协调指挥体系和一个覆盖全区域、涵盖治理全领域的信息采集系统。为此，浙江省设置了"综合指挥+综合信息系统+全科网格"这一架构模式来确保"四平台"的运行。其中，乡镇综合信息指挥室负责信息收集、综合研判和命令指派，是一个高速运转的处理器。综合信息系统归集社会治理信息，集合乡镇和派驻机构力量，及时有效处理交办事务，成为一个信息处理终端。全科网格则是"辖区管家"，将信息收集的触角无缝覆盖村（社），及时采集报送各类社会治理信息。

2. 城市大脑

"城市大脑"或者说"智慧城市"是目前我国城市治理的重要探索，是融合了新型城镇化、工业化、信息化和绿色化的有效载体。从技术角度来说，"城市大脑"是由包括信息通信技术（ICT）、城市规划信息化技术、人工智能技术和地理信息技术等融合创新的智慧空间形态，具有鲜明的跨学科、跨行业和跨平台的特征。智慧城市兼具辅助政府决策、城市治理、城市管理、社会管理和服务民生等功能。

在实践中，浙江省杭州市通过"城市数据大脑"来治理交通拥堵。杭州市实施"城市数据大脑"的研发建设，充分发挥了公安交警部门的经验优势和阿里巴巴等企业的技术优势，以数据技术为支撑，找出交通管理的影响因子和非直接关系的关联因子，并立足视频、信号、匝道、断面等检测技术，分门别类建立交通特性分析模块，同时，不断积累数据资源，以规律性、反复性、周期性的统计科学，预判交通流、拥堵、安全风险等趋势，实现城市交通管理的预警、预判、预决功能创新理念，为推进城市治理体系和治理能力现代化探索路径和方法。

3. 智慧社区

近年来，智慧社区实践在全国各城市由政府或企业主导开展，取得了一定的成效，智慧社区倡导以人为本，以综合居民个体数据的数据中心为基础，涵盖智慧化规划、信息化管理、个性化服务、社会交往几方面应用，强调政府、相关产业与居民的互联与协作，聚焦居民的日常生活，通过创新的手段提高居民的生活质量。

上海市的智慧社区建设走在全国前列，智能水表是智慧社区非常小的一个切面，却很能反应智慧社区的温度。上海市长宁区江苏路街道是"智能水表"的首个试点，根据工作人员介绍说明，若每户在12个小时之内，用水量少于0.01立方米（10升水，相当于家用桶装矿泉水的一小半），街道的管理系统就会立刻提示此户异常，工作人员收到提示讯息后，会在第一时间前往此户查看老人的生活情况，以免意外发生。

二、构建基层治理平台的思路与对策

基层治理平台的兴起固然离不开信息科技的运用，但是原有基层治理体制机制的优化仍然十分重要，完善原有的体制机制与基层治理平台的搭建相辅相成。信息科技与基层治理平台的融合仍需要继续深化，要加快平台对新技术、新手段的及时吸收。当然，平台的搭建和运行离不开社会力量的参与，扩大社会参与既能促进平台的发展又能使平台的成果为社会共享，实现良性循环。

（一）完善体制机制

基层治理平台在很大程度上就是基层治理体制机制的高度优化。因此，它的得力运行需要保障制度的完善和治理资源的投入。

1. 健全保障制度

首先，需要中央层面进行"顶层设计"，自上而下地加以推动。目前各地的基层治理平台实践只是地方层面的探索，需要制定长期发展战略规划，得到中央的支持。当然，中央层面推进的基层治理平台建设也更能引起基层工作人员的重视。

其次，包括基层治理平台在内的各个社会治理项目的建立、实施和运行，无不需要资金与资源投入。县（市、区）政府要加强"基层治理平台的工作经费保障"，在政策制度上每年安排基层治理平台建设和运营专项经费，由街道、乡镇统筹安排使用，并为社会资金、社会组织的进入提供必要的政策支持。

最后，要适时出台相关法律来提供重要保障。基层治理平台的建设和运行带有很强的探索性质，虽然取得了一定成效但并不稳固。在当前法治政府建设的大背景下，任何制度创新都离不开法治思维。因此，必须加强基层治理平台的法律保障，促进其在改革发展中发挥重要作用。以法律建设为契机，推动权力从部门下放到基层的规范化。

2. 优化基础建设

宏观来看，基层治理平台的建设离不开"软件"和"硬件"，为破解这一问题，基层治理平台的基础建设尤为重要。

首先，正确处理统分关系。随着社会治理的全方位发展，基层治理平台发挥的是居间指挥协调的作用，必然涉及与其他部门进行协调合作。除此之外，还需要构建信息沟通机制，在吸收共享其他部门的信息和数据的同时也要为相关参与部门创造良好的共享条件，确保社会治理工作有序进行。

其次，运行流程标准化。基层治理平台建立后，自上而下的指令传达已基本实现，然而自下而上的联合行动申请和问题反馈依然缺失。基层政府应根据自身工作经验和工作特点制定更符合自身实际的指挥协调流程，尤其是在联合执法行动过程中，通过有效的申请流程，既符合部门的标准化要求，又能提高各自之间的协同效率，进而提高人员与资源调配的速度和效率。

最后，提升干部队伍素质能力。对于基层治理平台而言，能够透过信息数据，科学合理地进行分析指挥调度的干部队伍是关键。一方面，基层政府要将精干力量注入基层治理平台，配齐配强专业人员，促进平台的实体化、长效化运行。平台负责人综合素质要过硬，工作人员则至少要对基层治理各个业务有一个基本的了解，保障信息受理的有效性。另一方面，基层人员的业务培训必不可少。县（市、区）政府要定期组织基层治理平台人员的业务培训和经验交流，培养和提升工作人员的业务处置能力。

3. 加强部门联系

首先，加强各项工作磨合和协同。基层治理平台建立前，各个部门都有其独特的治理模式，处置的标准与流程也不相同，这就要求各部门相互磨合适应。线上的无缝衔接离不开线下的熟悉配合。围绕基层治理平台的主要功能，基层政府应该多加使用、建立常态化的沟通机制，强化部门间的协同配合，形成工作默契。

其次，加大基层政府统筹管理的力度。基层治理平台人员的日常管理权限应在基层政府，也就是说，基层政府在落实对基层治理平台人员管理的同时也要为其提供同样的福利待遇。相关人员的党组织关系与工会关系等都要转入基层政府机关，机关党支部、工青妇组织开展集体性活动也必须包含相关人员，从而增进工作人员之间的情谊，增强基层治理平台人员的归属感与认同感。

最后，基层政府可探索集中办公模式。扩大基层治理平台办公场地，或将基层治理平台人员与派驻部门集中在同一办公地点，及时接收社会治理信息，工作人员能实时交流，有效提高信息处置效率。

（二）加强科技支撑

当前基层治理平台存在的问题，既有体制机制的问题，也有科技水平落后和技术应用不够充分的问题。也就是说，存在科技支撑不足的问题，需要我们进一步深化科技赋能。

1. 消除信息壁垒

针对各部门单位信息不共享带来的信息孤岛问题，要构建科学高效的数据共享平台，提高信息在不同部门间的传播效率。

一方面要加快开发政府内部的信息共享平台。基层治理平台的基础数据仍需基层工作人员的采集与录入，之前提到，在数据采集过程中，基层工作人员受到种种因素干扰，需要重复工作，采集的数据在基层治理平台中和在专业系统中往往并不一致，导致基层治理平台无法全面掌握社会治理信息。因此，开发政府内部的信息共享平台，消除基层治理平台与专业系统的信息壁垒，变得至关重要。具体来说，要确定政府共享数据的管理办法，确定数据共享范围、边界以及使用方法，确保数据融合既安全又能满足实际需求。

另一方面，还需要构建社会治理主体间的开放平台。简言之，基层治理平台内社会需要的又不涉及政府工作机密的数据，应及时向社会组织、居民开放。当然，还要充分发挥乡镇、街道的引导作用，加强和公众的互动，鼓励社会组织和居民主动反馈问题、上传相关数据，从而构建多元化主体协调数据平台，提高各个主体间的协同管理效率。

2. 完善分析功能

我们利用大数据的目的是获取更好的社会治理效能，如果获得了数据而不加以分析研判，数据也就成了摆设。因此，基层治理平台的分析研判功能至关重要。

一方面，基层治理平台要重视搜索和分析功能的完善，借助信息平台来把不同部门与机构联系起来。整合平台中关联对象的全部数据，为分析要素绘制发散性关系图，画出管理服务对象的信息全貌，这是分析研判基础。继而，充分考虑社会治理各主体的使用需求，研究和提出可行性意见和建议，提高信息的传播和使用效率，更好地为基层治理服务。

另一方面，要大胆运用人工智能、大数据分析等先进技术，根据专题数据来构建模型，对数据进行深层次的分析，充分挖掘信息背后的价值，为基层政府开展各类专项工作提供数据参考。基层政府应加大和开发单位的合作力度，结合政府阶段性工作要点不断推出新的数据模型，更好地满足不同形态的社会治理需求。

(三) 促进社会参与

人民群众是社会治理的主体。无论是打造共建共治共享的社会治理格局，还是建设人人有责、人人尽责、人人享有的社会治理共同体，都离不开人民群众的参与。

1. 强化宣传引导

当前不少群众对基层治理平台的认识并不全面，认同感也相对比较低。基于此，各地可以立足自身的实际情况，不断优化基层治理平台的功能，更好满足人民群众需求。一方面，加强政策普及性宣传，增强基层治理平台的吸引力和感召力，从而激发当地居民参与基层治理平台的动力。引导公众参与社会治理工作，增强公众的"主人翁"意识，把民主和法治精神融入各种宣传中，使广大群众从社会治理的"旁观者"变为"真主人"，有序参与到社会治理中。另一方面，开展与基层治理平台相关的形式多样、内容丰富、生动有趣的活动，既能在社区或网格内营造一定的文化氛围或普及知识，也能促进形成和谐的邻里关系，加强居民之间的联系。

2. 促进服务转化

群众对基层治理平台参与度不高的重要原因在于平台"重管理、轻服务"的理念和实践。因此，提高基层治理平台的服务供给功能是关键。政府要围绕基层治理平台，加大社区公共服务体系建设的力度，健全社区服务机构，编制社区公共服务指导目录，加大资源投入和保障，通过基层治理平台做好劳动就业、社会保障、卫生计生、教育事业、社会服务、住房保障、文化体育、公共安全、公共法律服务、调解仲裁等公共服务事项，提升社区医疗卫生服务能力和水平。

大胆尝试"平台+服务"功能。基层治理平台的功能是双向的，并不仅仅满足政府管理社会的功能，也要满足基层社会和群众的需求。要让与老百姓切身利益相关的事项能够在基层治理平台上办理，自身的意见和建议能在平台上得到反馈和处理，使人民群众在加强信息化建设、提高信息化水平中受益，切实提高自身的获得感。这都需要切实加强基层治理平台的服务功能。

3. 培育并赋权社会组织

社会组织作为基层治理中的一个重要主体，自然不能在基层治理平台的建设中缺位。社会组织参与基层治理平台建设关键在于充分发挥政府的引导作用，赋权社会组织，从而不断扩大公众参与社会治理的空间。在实践中，政府要发挥引导和协调作用，确保社会组织的各项合法权利都能够得到保障。

因此，政府可以借助基层治理平台来履行主导职能，实现有效提供公共服务的目的。另外，公民及社会组织可以通过基层治理平台参与政务决策、进行政务监督，从而将"自上而下"的政府治理要求和"自下而上"的社会治理需求有机对接，有效发挥政府与社会两方面的治理优势。充分利用社会上各个主体的力量，获取更好的社会治理成效。社会组织力量的加入，将会为基层治理平台建设增添不少活力，促进共建共享共治的社会治理格局的形成。

总的来说，从当前各地基层治理平台的建设来看，这一实践对创新基层治理具有强烈的现实意义。但由于平台的功能有限、发展不成熟和社会参与度不高，治理平台和运行还存在一些阻力，需从完善体制机制、加强科技支撑和促进社会参与三个方面作进一步调整，才能使基层治理平台更加适应社会治理的要求，进而实现共建共享共治的社会治理格局。

第二节 加强基层工作队伍建设

一、加强基层工作队伍建设的重要意义

以基层社会治理为核心的基层工作联系着千家万户，加强基层工作队伍建设具有十分重要的意义。

（一）加强基层工作队伍建设的背景

改革开放以来，我国社会流动大大加快，数以亿计的农村人口进入城镇工作和生活，推动了城市化的快速发展，极大地改变了基层工作队伍建设面临的形势。

在我国逐步建立和完善市场经济体制、经济社会发展的同时，也出现了一些社会问题。一方面，随着政企逐步分开，"单位人"转变为"社会人"，诸如青少年问题、老年人问题、残疾人问题以及家庭矛盾、困难救助等矛盾，由原先隐含、消化在单位内部的问题转变为社会的显性问题；另一方面，社会经济转型、市场竞争、社会分化也造成一些新的社会矛盾，如下岗失业、贫富差距拉大、流动人口治理等问题。在这种情况下，长期以来形成的依靠行政手段，依托单位、组织渠道解决社会矛盾和问题的方式已经越来越不能适应新的情况。

在此过程中，城乡社区经济社会结构发生了很大变化，传统的基层工作模式难以适应不断发展变化的基层形势，从20世纪80年代起，我国政府和基层群众就在不断探索新的城乡社区治理模式。基层治理新形势新任务对基层工作队伍建设提出了新要求。为了顺应我国城乡基层工作情况的变化，必须培养一批数量适当、结构合理、素质良好、能够胜任新形势下基层治理繁重任务的工作人才。不仅要有热心基层工作的业余人士，也要发展专业化的基层工作队伍，建立相关工作人员的职业制度，更好地满足基层群众多方面的需求。

（二）基层工作队伍建设取得积极成效

要真正地把这些工作做"严"、做"细"，需要的是一支能够真正靠得住、打得赢的基层工作队伍。事实证明，以街道（乡镇）、社区（村）两级干部为主体的基层工作队伍用他们的实际行动交出了一份让人满意的答卷，彰显了这支队伍的巨大作用。

二、基层工作队伍建设的原则与方向

基层工作队伍建设既要加强顶层设计也要因地制宜。一方面，全国一盘棋，各地的基层工作队伍建设都离不开党中央的坚强领导，都要满足一定的要求和理念，比如坚持党组织的领导地位，强化居民自治，构建共建共治共享的社会治理格局等。另一方面，各地的经济水平、社区资源和区域文化等各有各的特点，自然要扬长避短，结合自身优劣势开展工作。

（一）加强顶层设计

一个地方的发展质量和水平离不开基层工作队伍建设。加强基层工作队伍建设是一项系统工程，近年来，从中央到地方，先后制定出台了进一步激励广大干部新时代新担当新作为的实施意见，各地在抓好贯彻执行的同时，要结合本地实际，精准发力、综合施策，最大限度地激发基层干部干事创业的内生动力。

1. 加强理想信念教育，激发干事创业的内生动力

一要激励不忘初心。培育干部的干事动力需要加强理想信念教育和担当教育，牢固树立正确的人生观、价值观。要坚持用习近平新时代中国特色社会主义思想武装干部头脑，不断提高干部的思想水平、政治觉悟、道德品质，使其始终保持上进的势头。二要引导勇于担当。发挥各类红色教育基地作用，教育广大干部切实增强政治担当、历史担当和责任担当。广泛开展党史教育大学习，激励广大干部在深化"最多跑一次改革"、实施乡村振兴战略、创建文明城市等中心工作中勇挑最重的担子、敢啃最硬的骨头，展现新作为、干出新成绩。三要培树先进典型。积极宣传在改革创新、干事创业中涌现出来的先进典型，通过立标杆、树典型，以身边事教育身边人，使广大干部对干事创业有更为清晰、直观的认识，鞭策自我，真抓实干，干出成效。

2. 坚持精准选人用人，牢树担当作为的鲜明导向

一要坚持实绩导向选人用人。大力选拔敢于负责、勇于担当、善于作为、实绩突出的干部，让敢担当有作为的干部能脱颖而出，把经过基层锻炼的优秀干部选拔到领导岗位上来。二要注重现实表现考准考实。坚持从对党忠诚的高度看待干部是否担当作为，注重从精神状态、作风状况考察政治素质，既看日常工作中的担当，又看大事要事难事中的表现。坚持有为才有位，突出实践实干实效，让有为者有位，让那些想干事、能干事、干成事的干部有机会、有舞台，得实惠、受鼓舞。三要畅通向下渠道倒逼担当。坚持优者上、庸者下、劣者汰，把干部担当作为情况纳入巡视巡察和选人用人专项检查重要内容。经常性开展干部"不担当不作为"问题的监督检查，对不担当不作为的干部，根据具体情节该免职的免职、该调整的调整、该降职的降职，形成强烈的震慑效应。

3. 健全科学评价体系，强化担当作为的正向激励

一要改进绩效考核。严格落实乡镇（街道）一线干部经济待遇高于部门机关同职级干部的政策，建立健全务实管用、简便易行的科学考核评价机制，把平时考核考细、绩效考核考实、专项考核考准，打破原有津补贴平均主义"大锅饭"现象。二要加强综合研判。

科学分析不同群体的诉求，注意区分不同地域客观条件、不同单位工作职能等因素，强化考核的差异化和精准度。关注干部成长过程中诉求的变化，因时制宜、因人制宜、多元激励。例如，针对某个阶段或某项具体工作，可采取以物质激励为主的短期激励；但针对事业发展和干部队伍整体建设，要采取以政治激励和精神激励为主的长效激励。三要运用好正反激励。"坚持正向为主、负向为辅；正向为先、负向在后"的原则，强化考核指挥棒作用，协调运用正负两种激励方式，变授予机制为争取机制，把倒逼机制、扣分机制改为加分机制，从根本上改变"做多错多扣多"现象。

（二）因地制宜分类施策

城乡社区类型多种多样，例如，有老旧小区、外来人口聚集区、普通商品房小区、回迁房小区、棚户区改造社区、城中村社区、经济适用房社区、单位大院、高档住宅小区、企业托管社区等。不同类型社区居民的经济社会状况、资源禀赋和服务需求差别较大。

地区之间、城乡之间基层情况千差万别，加强基层工作队伍建设，要立足当地人口结构、资源条件、居住特点、生产生活方式、文化传统等实际情况，上下联动、左右协调，以党建引领、整合各类力量，统筹各种资源，稳定和扩大基层工作队伍，提升基层工作队伍能力，形成各具特点、功能互补的基层工作队伍力量体系，增强基层社会治理效能。城乡基层工作队伍力量培育要因区施策、分类推进。对于人口老化、资源条件较差的社区和农村要加强外部帮扶支持，组织街镇干部下沉，选派第一书记，充实一线工作力量，使城乡基层各项工作有人负责、有条件有能力负责。

（三）打造提升基层工作队伍专业性

基层工作队伍建设要科学界定职责权限和资格条件，规范选聘程序，严格管理，加强培训，拓展职业通道，建立必要的保障条件和激励措施，提升基层工作人员素质和能力，让他们感受到职业的荣誉感、工作的成就感和事业发展的前途，激发他们的工作热情。

1. 加大历练培养力度，增强担当作为的本领底气

一要健全乡镇干部定期轮训制度。在培训的内容上需突出针对性和实用性，可从乡镇干部岗位职责需要和完善知识结构需要出发，侧重开展政策法规、群众工作、依法行政、市场经济等方面知识的培训，增强乡镇干部法治思维和实际工作能力。二要推动力量下沉。进一步健全基层干部经常性深入群众工作机制，切实转变工作作风，推动服务管理重心下移，以党建引领乡村治理工作。加快推进部门机关派驻乡镇基层治理平台建设，引导干部重心下移、力量下沉、权力下放，强化乡镇对派驻机构人员的属地管理和刚性调控，

着力破解基层治理"权弱、权散、权少、权小"的问题。三是要创造激励平台。分类制定年轻干部个性化培养方案，全方位、多渠道提供干事创业平台。充分考虑干部的专业特长、工作优势等情况，着力推动部门、乡镇干部的双向交流。有计划地组织长期在基层一线工作、综合表现较好的干部到部门机关工作，培养锻炼他们围绕中心、服务大局的宏观管理能力；分期分批组织长期在机关工作缺少基层经历的干部到基层一线锤炼意志、砥砺品质，不断提高综合素质和解决实际问题的能力。

2. 引入专业的社会组织，提供专业的公共服务

专业的社会工作介入县域社会治理，乡镇街道级社会工作站需要发挥重要平台作用，为各类弱势群体、困境家庭提供专业的社会工作服务。一要发挥党组织引领作用。党建工作引领社会组织朝着正确的发展方向健康发展，引导社会组织强化服务功能，为政府、群众提供更优质的服务。相对社会组织而言，居民群众对党组织的信任感更强、认同度更高，社会组织党建工作可以帮助社会组织迅速打开局面。二要精准对接需求。专业的社会组织作为第三方支持机构，为社会工作机构和乡镇、街道供需对接搭建桥梁，为社工机构提供咨询和能力建设，使传统的聚焦于某一领域的专业社会工作机构在自身专攻方向基础上更全面地发展，以适应新时期县域城乡社区发展需求，从而提升基层工作队伍整体的专业性。三要改善法律政策环境。近年来，我国加快出台支持社会组织参与基层工作的多项法律政策，为社会组织的发展壮大提供制度空间。重点培育和优先发展行业协会商会类、科技类、公益慈善类、城乡社区服务类社会组织，降低准入门槛，逐步加大政府向社会力量购买服务的力度，支持鼓励专业社会组织的发展。

（四）培育用好社区志愿者队伍

社区志愿者是基层工作队伍的重要力量。随着生活水平的提高和全社会志愿精神的培养，社区志愿者队伍越来越庞大。社区志愿者不仅包括传统意义上社区内的老党员干部，还有新兴的群体新乡贤，也包括社区外的学生志愿者、网络志愿者，这是一支不可忽视的队伍。

1. 退休老干部党员

退休老干部党员政治素养过硬，有较多的空闲时间，对社区事务积极性较高，对于基层工作队伍来说，是一笔不可多得的财富。因此，要用心用情做好老干部党员工作，从"建"和"用"两方面来调动统筹老干部党员的积极性。

一方面，要做好组织架构工作，理顺体制机制。在组织架构上，要按照"有利于教育

管理、有利于参加活动、有利于发挥作用"的原则,打破原有体制机制的束缚,建立以社区老干部党组织为核心的组织架构。建立老干部党员活动室,确保老干部党员政治生活有组织、学习活动有阵地。一是要强化统筹协调,成立市级层面的老干部党工委。二是理顺组织关系,老干部党员的党组织关系原则上要与其人事关系、工资关系保持一致(移居外地的除外),由原单位党组织集中管理;组织关系已转到居住地所在社区(村),且不愿转回原单位的老干部党员,在居住地党组织重新登记接受管理。三是分类建组,单位老干部党员数量符合组建条件的,独立建立老干部党支部;单位老干部党员数量符合组建条件,但党员组织关系已转入居住地的,建立老干部临时党支部,随时准备接受老干部党员回原单位参加组织生活;单位老干部党员数量不足 3 人的,建立联合党支部;在社区(村)建立老干部党支部,负责组织关系转入居住地的老干部党员的教育管理。四是加强阵地建设,投入资金对老干部党员活动室实施全面改造。

另一方面,要加以妥善管理,汇聚起"共建共治共享"强大合力。单位党组织、居住地党组织实施对老干部党员的双重教育管理。一是完善双向对接,对党组织关系在原工作单位和已转入居住地的老干部党员,单位党组织和居住地党组织要分别向对方反馈信息,做到党员信息无遗漏。二是落实双重管理,老干部党员的党组织关系隶属哪里、人从哪个单位离退休,单位党组织要对其教育管理,党委(党组)书记必须担责;人在哪里常住,哪里的党组织就要对其进行教育管理,党组织书记必须负责。三是实施双层领导,老干部党建工作由市级老干部党工委牵头抓总,负责协调指导、考核评估,党委(党组)负责组织跟进、监督落实。健全保障机制,始终致力于老干部党员的福利待遇落实;发挥党组织引领作用,结合党史学习教育,加强老干部党员的教育培训;强化沟通反馈,将单位党组织与居住地党组织的对接交流作为老干部党建考核评价的主要内容。

2. 新乡贤

新乡贤是指现代社会中热爱故土、德高望重、才能突出、事业有成的乡村精英。目前活跃在乡村的新乡贤主要包括有威望的退休公职人员、有影响力的商业成功人士、学识水平较高的知识分子、积累了丰富经验的返乡务工人员等。新乡贤是乡村社会拥有强大正能量的新生群体,是城乡社会治理中的宝贵内生资源。

3. 各类志愿者人群

要培育和用好社区志愿者队伍,除了调动退休老干部党员以及"新乡贤"等群体,社区志愿者的后备力量比较丰富,例如老教师、老法律工作者等。在社区内部力量之外,还可以创新思维,有效引导社区外的力量参与。在志愿精神蓬勃发展的今天,大学生志愿者队伍已经十分庞大，中小学志愿者的志愿服务精神也不容小觑，基于互联网平台的网络志愿者群体也在壮大，这都是社区志愿者的有生力量。因此，有条件的基层政府应有效整合辖区内各类的服务需求，对接各类志愿者团队，统筹建立志愿者积分奖励制度，对志愿者在物质上和精神上都予以一定的肯定和奖励，挖掘他们在城乡基层社会治理中的潜能。

当然，在建设基层工作队伍过程中，要处理好下派干部与社区管理人员的关系，处理好业委会成员与物业管理人员的关系，处理好社区管理人员与社会工作者的关系，处理好社区管理人员与驻区单位参与管理人员的关系，处理好党组织领导与群团组织、市场主体和各类社会力量的关系，要防止行政力量代替或干扰各类社会组织、市场主体参与基层社会治理，实现政府治理同社会调节、居民自治良性互动，构建自治、法治、德治相结合的城乡基层治理新局面。

总而言之，基层工作队伍在基层社会治理队伍的基础之上，以基层工作为指向，拓宽了队伍的涵盖面。加强基层工作队伍建设是我国经济社会发展的客观需要，也是完善基层社会治理的重要环节。同时，队伍也面临不少的问题。各地围绕基层工作队伍建设的实际，进行了很多有益的探索。比如，加强党建引领、扩大基层工作队伍来源、畅通职业晋升通道和提升专业化水平等做法，为我们下一步建强、壮大队伍提供了宝贵经验。我们要把握好基层工作队伍建设的原则和方向，既要加强顶层设计，又要因地制宜、分类施策。通过自身干部队伍的培养历练和引入专业社会组织来提高基层工作队伍的专业性。围绕退休老干部党员、新乡贤和各类志愿者群体来培育好社区志愿者队伍，充实我们的基层工作队伍。

第六章　协商民主在基层治理中的应用

第一节　协商民主在城市基层治理中应用

一、基本概念界定与理论基础

（一）城市基层治理

　　治理是城市基层治理的核心要素，对城市基层治理概念的界定，首先应明晰治理的定义。"治理"一词主要应用于我国政治领域之中，随着学者对治理理论的深入研究，其理念也超越了最初的领域与范围。所谓治理，可以定义为在人们生活的共同体之中，基于合作、协调的价值理念，各主体通过运用自身权力运作去引导、规范、控制社会各项公共事务，从而达到社会有效运行的持续过程。传统治理多采取自上而下的方式，多与"管理""统治"概念相近，是指权力主体依托科层制的外部主导模式。随着民主思想的深化，治理方式呈现出多样化发展，在国家与权力机关统筹安排的同时，更加强调多主体的平等参与，以合作的方式共同治理，以自觉的方式维持社会秩序、达成治理目标。

　　我国最广大的人民群众在基层，城市基层治理直接关系着城市居民的切身利益，治理效果直接影响我国治理现代化发展进程与水平。城市基层实则对治理进行了场域限制，是城市居民进行社会互动交往的最基本单元，这里所提到城市基层治理主要是指在城市社区与街道进行治理。我们可以将城市基层治理理解为在城市基层中，多元主体通过多样化方式对公共事务进行协调管理的过程，从而达到解决现实问题，促进城市和谐稳定、社会公平正义的最终目标。从城市基层治理主体来看，城市基层治理在基层党组织集中领导下开展工作，城市基层党政机构在治理中起着统筹安排的作用，作为政策与决议的执行者，他们是战略性决定的执行主体。最主要的参与主体是城市基层群众，他们的参与能力、参与水平直接影响着治理效果，除此之外，其他各种基层群众自发组成的社会组织也发挥着重要作用。其次，从城市基层治理结构与规范来看，城市基层治理是国家制度规范与传统习俗共生性的机制，是国家权力向基层延伸并运作的过程。城市基层治理结构由基层政府派出的职能部门街道办事处直接领导，由居民委员会整体安排城市基层公共事务，城市居民与自治组织原则上不受权力机关支配。再次，从治理目标与内容来看，城市基层治理目标是促进公共利益的达成，最终实现城市的稳定与发展。我国城市基层治理内容是与居民息息相关的各项事务，从国家政策落实到生活琐事的解决都是治理的重要内容，例如公共设施建设、基层环境优化、城乡干部选举等各种事务。最后，从治理方式来看，城市基层治理方式涵盖丰富，包括行政命令、居民自治、多方合作等多种方式，贯穿于基层选举、决策、管理、监督全过程。

（二）协商民主与城市基层治理的关联耦合

从概念界定中我们可以得知，协商民主是推进国家治理现代化的有效途径，而基层治理作为社会治理的重要组成部分，二者在众多方面具有关联与耦合。

首先，二者在提倡民主的价值追求上具有一致性。城市基层治理强调民主的理念，将"以人为本"作为城市基层治理导向，党政机关始终坚持"全心全意为人民服务"的宗旨，不断加快职能转变，赋予人民更为真实的权利，从而发挥好人民群众"自我管理、自我服务、自我监督"的能力。协商民主鼓励多元主体参与，并提供具有容纳性的平台，使基层党组织人员、基层政府人员、基层群众、社会组织等都能够参与到对于相关事务的协商讨论过程之中，广泛的群众参与有效增强基层治理的民主性。可见，协商民主贯彻落实了基层治理所需要的民主追求，更好地发挥人民当家作主的权利，是群众路线在基层的直接体现。

其次，二者在公共利益最大化的目标上具有契合性。城市基层治理将公共利益从城市居民的个人利益中抽象出来，以求满足城市基层共同体中大多数成员的需要，当代社会所提倡的善治就是基于公共利益最大化而实现的。协商民主各主体在对事务进行协商讨论中，承认不同主体之间的分歧，充分尊重少数人的利益与建议，但更强调各方主体通过对话、辩论、协商达成共识，从而实现公共利益最大化。由此可见，协商民主与城市基层治理具有相同的追求目标，协商民主为城市居民对话提供渠道，促进各主体在公共利益驱使下形成统一，为基层治理实现更为广泛、真实的公共利益。

最后，二者在促进协商合作的方式上具有相通性。当代城市基层治理逐渐向多元主体合作化发展，强调不能局限于政府发号施令和运用权威，要让更多的人民群众以平等的方式参与到治理的各项环节之中，城市基层问题不能依赖于党组织与政府来解决，多元主体协商合作、通力协作才是促进城市基层发展的根本之道。协商民主是容纳多方主体参与的政治制度，在协商过程中强调各主体的话语权、政治参与和政治尊重的平等，强调各方以合作的方式进行，这不仅保证各方平等政治参与的权力，也发挥了群策群力的特有优势，与当前所提倡的合作型治理具有相通性。

二、协商民主应用于城市基层治理的独特优势

作为具有创造性的民主制度与治理形式，社会主义协商民主以人民民主为本质核心，致力于推进国家治理现代化，它有着广泛的应用领域，在城市基层的实践就是其中之一。协商民主作为多元化主体共同参与的共治行为，与倡导协调各方、达成共识、协同行动的基层治理具有高度契合的内在逻辑。推动协商民主在我国城市基层的发展，有着深刻的内在机理，是人民主体观自我完善的过程，是我国公共利益逐渐实现的手段，亦是基层治理共同体构建的途径，其有效运用是确保城市基层治理决策民主化、科学化的关键所在。由此可见，协商民主应用于城市基层治理实践有着无可替代的独特优势，因此我们应稳步推进协商民主在我国城市基层的应用与发展，从而更好发挥协商民主作用，促进国家治理体系和治理能力现代化。

（一）协商民主主体广泛性益于群众路线与人民主体观落实

基层协商民主拓展了群众路线在我国基层贯彻落实的新形式，为城市基层群众参与政治生活提供了制度保障。推进基层治理现代化要高度重视人民的主体作用，赋予人民群众更为广泛且真实的权利，彰显人民民主的真谛。协商民主依托群众路线，是超越一切旧民主形式的真正民主，坚持"协商于民、协商为民"的要求，在运行的每一个环节之中都鼓励人民群众直接参与，在城市基层协商民主中群众的自觉参与、各主体有效协商、政府与社会力量的高效互动，使城市基层群众的个人意愿得以表达，促进党和政府了解人民群众的真正需求，增强各方对治理结果产生价值认同，从而更好地满足城市居民的现实需求。如此观之，协商民主赋予了城市基层治理民主的实质，是群众路线与人民主体观的有效落实。

1. 扩大城市公民有序政治参与

知情的人民群众比民主制度更加重要，社会治理向民主导向的转变，最先体现在广泛的主体参与。一个国家民主不民主，关键在于是不是真正做到了人民当家作主，要看人民有没有投票权，更要看人民有没有广泛参与权，许多民主制度也鼓励人民群众参与其中，但对于基层群众的选择往往采取指定的方式，实则还是权力主导下的精英参与，而真正的

民主治理需要让利益主体直接参与其中。城市治理面对基层群众基数大的现实困难，城市居民的直接参与，需要寻求一种方式能够容纳这个庞大的群体，协商民主为我们提供了一种新的有效方式，给予了广大人民群众参政议政、参与治理的现实途径。为城市居民直接进行需求表达、意见反馈、实时监督开设了多种渠道，在我国城市基层的实践中，探索出了民主恳谈会、民主议事会、听证会等协商民主形式，这些形式更加有力保障了城市基层各主体的政治参与，从而也让更多的基层群众直接参与到城市治理之中。同时协商民主以一种制度化的方式推动城市居民的政治参与，也为政治参与提供了有效规则，使各个主体在享受权利的同时受到制度的制约，从而提升城市居民的有序参与。当然，协商民主本身也能为治理主体提供实际空间和成效，通过协商民主展开基层治理，使更广泛的主体参与其中，激发基层群众的主体意识和主人翁意识，指引他们积极参与城市基层治理。参与主体每一次通过协商民主参与政治理中的都受到鼓舞，对自己的政治参与认同得到了有效提升，促进其更加积极主动地参与到政治生活之中，从而提升城市基层群众的政治参与意愿。

2. 促使城市居民充分表达意愿

"民主起始于人民意愿的充分表达。"每个个体以及社会群体都有自己的利益诉求和意愿表达，而权力机关也渴望听到政策受众的真实想法，从而形成公平公正的有效决定。然而当前我国城市基层面临着居民具有个人需求、而不愿意积极主动地表达个人意愿的现实问题，其原因在于：一是城市居民没有程序化制度与常规化途径进行利益表达，因此当他们存在利益诉求时，利益表达往往被上访和抗争所代替。二是我国传统高度集中管理的社会制度下，人民群众在面对各方利益冲突时，他们更倾向于保留个人意愿，依赖专家或是权力机关所做的裁决。而协商民主恰恰解决了城市治理的这类问题，给予城市居民相对程序化的渠道参与到政治生活之中，选择协商这种更为理智的方式来代替偏颇的行为方式，并能够在协商参与的过程中合理且充分地表达个人意愿，赋予治理更为浓厚的民主色彩。协商民主在城市基层治理中的常规化应用，激发了城市居民的主体意识，集思共创、群策构建，共同参与到社会治理之中。党和政府也更加明晰国家政策的落实在于基层群众，积极听取人民群众的意见，城市居民自身利益表达受到关注促使城市居民更愿意通过协商民主表达个人意愿。因此，协商民主不仅能让群众知晓城市基层治理相关的信息，更重要的在于参与过程中的意愿表达，可以是基于个人利益的实际需求，也可以是对于决策的思考。同时群体的感染性更容易使城市居民在协商的过程中畅所欲言，而且当他们了解到自己的提议真实地对决策结果产生影响时，更加愿意在权衡之后提出更为有效的建议。

3. 满足城市基层治理主体需求

"民主落实于人民意愿的有效实现。"协商主体的广泛参与影响着最后的协商结果，既能够充分发扬民主的本质、凸显人民群众主体地位，又能更好地满足人民政治生活的实际需求。城市基层的问题与居民正常生活息息相关，在城市基层的多元主体互动下，运用协商民主提升问题解决成效，并最大程度地满足各主体的需求，是其自身优势的最直接体现。"民主不是装饰品，不是用来做摆设的，而是要用来解决人民要解决的问题的。"在城市基层，协商民主的议题都较为微观，包括基础设施建设、文化活动开展、教育医疗均衡等，这些都关乎广大城市居民的切身利益。各方主体借助基层协商民主充分表达自身的利益诉求的充分表达，利于权力主体倾听多方声音，了解群众真实的期许与诉求，快速解决城市基层的治理问题，从而更好地满足城市基层主体的需求。因此，城市基层协商民主作为一种治理手段，不仅解决了城市居民生活中的现实问题，实现了短期利益，更从长远发展，从大社会观、大治理观的高度对基层协商民主进行了理性的审视，把能否激发城市基层活力，有效满足城市主体需求以及达成城市基层发展规划作为目标导向，从而在满足人民群众各方面长期需求之上，促进城市基层的全面发展。综上，基层协商民主能够促进城市居民需求表达，也推进党政机关更加理解人民群众的真实所需，打造服务人民群众的权力机关，使城市基层治理真正立足于人民福祉。

（二）协商民主方式协同性加快城市基层治理共同体建设

城市基层要着力构建"人人有责、人人尽责、人人享有的社会治理共同体"，这是国家治理现代化的必然要求与理想状态，也是党的百年奋斗历程中所凝结的治理经验。城市基层的各要素间实则存在着众多联系，然而城市快速发展视域下各主体之间的联系减少，使其隔阂不断加深，这与构建社会治理共同体是背道而驰的。作为城市基层治理行之有效的方式，协商民主方式的协同性强调治理各因素之间的互动与交流，促进各主体间相互理解，加强城市基层各因素之间的联系，"找到最大公约数，画出最大同心圆"，对于构建城市基层合作治理共同体发挥着重要作用。共同体是不同的主体基于某种共同的因素从而形成相互联系的要素集合的结合体，协商民主能够鼓励各主体有序参与城市基层治理，有效整合城市基层多元要素，促进个体的相互作用，推动城市基层治理共同体的形成。

1. 营造城市基层治理利益共同体

共同体建立在消除个体隔阂、化解多元冲突的基础之上，利益冲突根源在于利益分化，当个人利益超越内心中的公共利益，共同体的作用将会逐渐弱化甚至分离。而协商民主开展的主要目标正是化解片面的个人利益，以公共理性达成共同利益的实现。通过逐渐弱化个体利益，使公共利益至上的观念贯彻人心，推动城市居民的利益观趋同，正确的利益追求引导着城市居民朝着共同的利益目标努力，能够更好地使城市基层形成内部统一，从而营造城市基层治理利益共同体。协商民主吸纳多方主体参与其中，在协商的过程中，有效整合各主体相对分散的利益追求，在其中寻找共同点以及与城市基层治理现代化相耦合的利益点，并以此为导向形成各主体之间联系的、非对抗性的、协同的、整合的利益追求。在协商民主的过程中，各个体也会逐渐明晰利益追求不仅仅局限于个人利益的实现，更重要的是维护城市基层整体利益，城市基层利益共同体的价值导向是解决城市基层问题、提升城市居民生活质量、最终表现为城市基层治理水平的不断提高，逐渐实现治理现代化。因此，通过在城市基层展开协商民主，城市基层利益共同体的构建最终将会在服务人民群众的利益导向下趋于一致，在治理中个体的觉悟不断提升，并于国家层面集体利益价值观趋于一致，使城市基层治理水平提升到新的层面。

2. 凝聚城市基层治理情感共同体

经济快速发展的城市社会，人情淡薄仿佛成为了常态，但城市居民也在努力寻找着与其他个体之间联系，从而形成对社区的归属感以及居民之间的依赖感。城市居民之间情感共识缺失往往是没有合理的渠道与方式促进个体之间的沟通与交流，这也是城市基层治理凝聚力弱的重要原因。基层协商民主恰恰提供了一种行之有效的方式促进个体之间的沟通与交流，创新了沟通方式与渠道，加强了城市居民之间情感的交融，在情感纽带的作用下形成"治理同盟"。协商民主对城市基层情感共同体的构造更注重个人对共同体的归属以及共同体中的身份认同，从而使形成的治理共同体内部结构更加稳定、有序，将多元一致的因素有效转化成和谐统一的整体。基层协商民主中各方交流与沟通能够有效减少邻里矛盾与冲突，营造融洽的城市基层氛围，从而有效修复、粘合城市基层各因子，增强城市基层治理主体之间的情感联系与关联，同时也能够增强各主体对自己所居住地区的归属感，加强城市主体的身份认同。基于此，城市基层治理水平将会上升到新的高度，各主体不仅仅是为了生活必须而参与到城市基层治理之中，而是以一种"建设自己家园"的心态，更加积极、主动地参与到城市基层治理之中，增强了对自己生存的城市社区的归属感，认识到自己是城市基层治理的主体，从而形成"人人参与，人人治理"的局面，共同打造自己的生存家园，在情感的维系中还会形成一些约定俗成的规则，从而有效规范主体行为，这也正是协商民主治理下比较与其他治理方式的优势所在。

3. 协调城市基层治理行动共同体

治理行动共同体是构建治理共同体的最后一步，也是提升治理效能的关键之举。情感与利益的凝聚最终表现为个体之间在行动上的统一，在正确利益驱使以及情感凝聚下，基层协商民主有效促进个体治理行动上的统一，协商民主提供了方式与途径使城市居民共同参与到城市基层治理之中。一方面，协商民主的过程正是城市基层治理行动共同体不断深化的过程，这与当前合作治理的内在本质是相同的。相比于各主体间相对零散的治理行为，协商民主本身所具有的协同性将各主体有效连结，改变了以往压制式的因素排列方式，更加强调各元素的平等排列，打破传统管制形关系，形成各治理主体间平等合作的关系，有效改善了城市基层各治理主体关系。另一方面，协商民主给予治理主体有效的共同治理方式，为各主体的共同行动提供了可行方式与可靠渠道。通过在城市基层开展广泛的协商民主，能够将每个人都纳入到城市基层治理之中，为每个人政治参与提供可能，从而形成多方合作的治理行动共同体，形成服务于城市基层治理的统一战线。由此可见，协商民主下的城市基层治理是统一各主体、多方连结合作的治理，实现了行政权与城市自治权的良性互动、合作共治，将"共建共治共享"的价值取向根植于城市基层治理之中，有助于推进我国城市基层各项工作稳步发展。

（三）协商民主机制包容性有助城市基层治理中公共利益实现

在城市基层治理的实践中，朴素的道德伦理和集体主义价值观仍然对行为准则与价值选择具有导向性，协商民主机制通过各主体间的理性沟通，自由表达，充分讨论，使城市基层主体实现个体偏好转换。引导各主体以公共利益为重，而不是固于一己私利，在广泛辩论的基础上，促进各主体之间的相互理解，在和而不同、相互包容之中寻求共识。在协商民主机制中，各利益主体会弱化"小我"的利益诉求，积极参与到"大同"的城市基层发展进程中，从而最终达成自身目标与公共利益的相对协调，而这也将提升各主体对于治理结果的认同与满意度，这都与协商民主机制的尊重理解、交流沟通、寻求共识的作用密不可分。因此，通过协商民主机制，使城市基层群众"围绕涉及自身利益的实际问题，发表意见建议，进行广泛协商，利益得到协调，矛盾有效解决，促进了基层稳定和谐"，成为协商民主应用与基层治理优势的重要彰显。

1. 助推主体达成共识

面对城市基层的公共事务，各主体间以及每个主体内部意见是不一致的，多主体的利益需求与统一的公共决策二者之间是相矛盾的，而协商民主则提供一种有效机制促使各主体意见走向统一。较好的协商民主主要体现在通过各主体协商讨论达成基本共识，促进理解，推动问题的解决，从而提升城市居民的满意度，这也是在城市基层展开协商民主的初衷。由于个体的有限理性，相互之间的隔阂状态造成个体之间缺乏信息沟通与交流，无疑会造成公共空间内各主体的沟通与交往障碍，使人与人之间的信任和合作产生困难。而协商民主赋予城市基层不同个体之间充分的信息交换权利，促进基层主体克服有限理性，加深主体之间的相互理解和认同，将个体利益转换为集体共识，以"公共利益最大化"来平衡各主体个体利益，促进公共利益的达成，最终达成较为统一的协商结果。这时协商民主达到的统一结果不是权力下的妥协，是基于协商过程对他人利益需求的理解以及自身所具有的道德责任，这时个体的让步是寻求利益均衡点的结果，是真正意义上的达成共识。因此协商民主克服了个体利益优先所引致的城市基层治理的失序和混乱，在个体利益和集体利益的有效张力之内，使二者相向而行而不是相互抵牾，在强调各个治理主体责任共担、成果共享的基础上，实现各主体达成共识，从而形成较为统一的协商结构。

2. 调和多方利益冲突

协商往往源于化解社会矛盾与冲突，协商民主的作用不仅是参与者的自由表达，更是在倾听对立观点基础上所作的判断与选择。当前，随着我国城市素质的不断提高和各项政策的有效实施，城市的矛盾呈现出递减的趋势，但复杂程度却有所增加，由过去传统单一矛盾结构逐步演化为居民与居民、居民与自治组织、自治组织与基层政府之间的矛盾。在不同的利益主体之间建立利益表达与协调机制变得重要而迫切，这关系到人民内部矛盾的解决和社会的和谐稳定，协商民主为调节利益纠纷、化解人民能内部矛盾提供了良好的平台。城市基层治理各主体之间本就是互动关系，想要化解各方之间的矛盾与冲突，形成稳定的治理格局，最好的方法就是协商。相比于其他民主形式，协商民主与竞争性制度安排不同，它的内在价值取向在于化解矛盾，追求各方和谐共生，因此基层协商民主更强调求同存异，扩大共识，从而调和社会关系、缓解社会冲突。这不仅是各主体发表自身观点的过程，也是互相听取不同意见的过程，其中很重要的就是听取对立方的竞争意见，在出现分歧时各主体通过对话、辩论、商讨的方式促进大家相互理解，它不是权力机关的个人独裁，也不是主体间的竞争与攻击，而是化解冲突逐步走向统一的过程。在城市基层协商民主的反复实践中，我们也发现，协商机制对所有利益主体的包容性使得城市居民在参与的过程中，多方主体的利益选择并没有出现两级分化的现象，在相互理解的基础上反而朝着与个体原本价值选择相反的方向变化，各主体通过情感、语言、行为互动，在交流的过程中促使其价值选择趋向一致，面对原先存在的冲突与矛盾各方会逐渐让步，也更容易理解他人的价值选择，从而缓和原本的利益冲突。由此可见，协商民主机制的包容性是对所有参与者利益表达的认可，也在交流互动中促使不同主体间相互理解，并将解决基层治理的难题聚焦于解决基层利益冲突，在化解复杂利益纠纷中，将矛盾问题转化为基层自身成长的力量。

3. 推进社会公平正义

协商民主是推进城市基层公平正义的有力手段，同时公平公正作为协商民主的内在价值理念贯穿于协商的全部过程。它不仅表现在选取参与者机会均等、参与地位平等上，更体现在决策结果公正、治理红利由城市基层主体全体共享，能够有效促进城市基层各主体政治权利的平等与利益关系的平衡。首先，协商民主机制本身具有巨大的包容性，鼓励不同的民族、文化群体、社会阶层参与到协商的过程中，同时在选取参与人员时采取随机抽样的方式，使每一位城市基层的群众都有均等的参与机会，因此协商民主开展的过程就是实现社会公平正义的过程。其次，在参与的过程中，各参与主体都拥有着相同的地位和权利，遵循着自由平等的对话规则，他们在规则约束下可以充分自由地发表自己的意见，不受任何权力的压制，普通城市居民也拥有平等的治理权力，将对最终决策产生重要的影响。再次，协商民主机制自身的优越性能够对各方利益进行有效整合，对于各主体所提出的个人意见并不是简单相加折中，是以公共利益为导向参考个人利益的最终结果，不因为少数居民的利益而影响绝大多数居民的利益，也不因为多数居民的利益而忽视少数人的合法权益，从而彰显城市基层公平正义。最后，协商民主所作的最终公共决策对城市基层成员都给予平等的关切，将城市基层的治理资源、治理利益和治理秩序"红利"，由城市基层全体成员共同享有，并且决策以公开透明的方式实施的自觉接受城市基层群众监督，在关乎城市居民利益的事务能够更加具有真实性与公平性。因此，城市基层协商民主能够有效将机会平等、权利平等、过程平等、结果平等贯穿于基层协商民主机制的整个过程，彰显社会公正理念从而更好的推动城市基层稳定和谐发展，不断加快城市基层治理现代化的步伐。

（四）协商民主内容公共性推动基层党组织和政府决策质量提升

"作为一种民主，公民协商得以成立的根本前提就是公共性"。在城市基层，协商的内容基本都是围绕城市发展的公共性事务所展开的，因此其中的公共决策是基层协商民主中必不可少的组成部分。"在人民内部各方面广泛商量的过程，就是发扬民主、集思广益的过程，就是统一思想、凝聚共识的过程，就是科学决策、民主决策的过程。"协商民主赋予城市居民知情权，保证决策全过程的公开透明，有效防止基层决策中的偏差和失误，同时协商民主制度化的发展趋势使基层决策过程更加完善与规范，从而有效提升决策质量，制定出更多城市基层所需要的决策，不断推动城市基层决策民主化、科学化、法制化。也正基于高质量、高水平的公共决策，城市基层治理水平才能进一步的提高。

1. 促进城市基层民主决策

"好的决策，反映人民的意愿，保障人民能权益，增进人民福祉。"协商民主内容的公开透明、各种各样的协商渠道使城市居民能够完整了解决策制定的相关事宜，由此展开协商民主能够最大限度的发挥人民群众的主体作用，汇民意、聚民智，在群策群力的基础上，形成具有民主性的最佳决策。使"越来越多来自基层的声音直达各级决策层，越来越多的群众意见转化为党和政府的重大决策。"一方面，促进决策更加体现人民意志。真正的民主决策并不是在追求多数人的选择，更应该关注考虑到人民群众的真实想法与观点。因此城市基层协商民主尽可能地让人民群众直接参政议政，不仅可以对决策结果进行选择，更能够直接参与协对决策产生的个人想法进行有效表达。由此可见，基层协商民主相比与其并重的选举民主更鼓励人民群众直接参与各项工作，而不是借助"他人的手"进行意见表达，从而有效避免了层层选举的局限性以及票数的真实性等问题。换而言之，协商民主更加关注民主的本质，不仅仅赋予人民群众决策权，更加鼓励城市居民直接参与到城市基层的公共事务当中去，在政务公开的基础上让城市居民直接行使民主权利，由此产生的决策所具有的民主性才更具有真实性。另一方面，推动决策更好满足人民需求，协商民主制定的决策更加"识民情，接地气"。决策的制定应基于城市居民的利益诉求与现实需求，决策意见表达机制的建立使城市居民能够自主表达个人需求，在此基础上产生的决策符合民众心意、充分考虑城市居民需求、契合城市居民现实情况、切合城市居民所期望。综上可见，协商民主使多元主体在公开的交流、辩论与协商中，各主体表达自己的立场与思想，有利于更好地倾听民情、体察民意、汲取民智，这时所产生的决策是城市基层群众真是偏好与实际需求的淬炼，有效提升政府所制定公共决策的民主性。

2. 增强城市基层科学决策

基层协商民主利用科学的理论、先进的方法在城市基层进行治理，正确处理决策主体与客体二者的关系，并为城市基层党政决策提供了智力保障，促使决策更加科学化。一方面，协商民主开展过程采取科学化的程序方式。城市基层协商民主开展的过程中党政机关及公职人员发挥组织安排的作用，主要采取复式选取主体的方式，既有专业人士进行指导，又基于我国城市基层人数较多的现实情形，随机抽取城市居民参与会议，从而覆盖较为广泛的群体，并依托常规化的协商民主机制，从而形成党政主导、居民主体、专家引导的科学模式。协商民主以一种科学化的程序方式鼓励各方参与到城市基层治理中，促进各方共同参与城市基层公共事务管理，吸纳各方面的利益诉求，汇集民智，使各主体协同推进城市基层治理，在联动融通的基础上，提出更加有效的共治建议和科学决策，推动城市基层决策科学性不断提升。另一方面，协商民主内容公开性不仅是议题的公开，更强调城市居民实时参与决策的提议、制定与落实的全部过程，从而有效提升政府决策质量，保证决策全过程的公开性。在决策提议与制定时，城市居民提出的众多建议为决策提供了智力支持，群体性参与也有效克服个人知识与思维方式的局限性，使决策的制定是群体智慧的结晶。同时决策实施时城市居民通过亲身参与、实地调查等多途径对决策的制定与落实情况进行监督，有效减少城市基层协商决策的失误，确保决策的科学性，在提升决策质量的基础上，推动城市基层治理现代化水平不断提高。综上，协商民主机制的包容性以及其自身具有的先进性推动着决策的科学化，在人民群众的全程参与和有效监督下减少决策失误，提高决策质量，使党政决策水平不断提高。

3．加快城市基层依法决策

依法决策是依法治国在我国公共决策领域的具体体现，随着我国协商民主在不断朝着制度化、程序化、规则化的方向发展，同时也以一种强有力的方式不断推动决策更加公正规范，有效促进基层党政依法决策。其一，协商民主制度使党和政府在开展决策过程中有章可循。协商民主的制度性属性决定了协商民主所产生结果具有法律效应，从而避免决策产生过程的随意性，将权力控制在制度的牢笼里，有效防止决策制定、实施过程中与国家法律相违背、与国家宏观政策导向相违背的现象。同时协商民主为提高依法决策提供制度保障，促使决策依据法律来制定，按照法律要求来运行，使党政机关进行决策的相关活动在法律所允许的范围内进行，将城市基层决策更好地纳入法治的轨道。其二，协商民主赋予决策透明度有助于城市基层政府依法决策。协商民主内容的公共性打破传统治理中固有的神秘面纱，真正赋予决策过程透明性，使决策的实施更好地置身于人民群众的监督，使更多的利益相关者成为决策的监督者，有效避免权力机关在治理的过程中越过法律的红线，进行暗箱操作以及秘密决策，防止将城市基层治理的权利集中在少数人的手中，促使决策在阳光下运行，积极推进党政机关依法决策。同时也能够有效遏制城市基层"面子工程""半截工程""一把手工程"等钻法律漏洞的现象发生，使决策不仅仅是基于法律的约束而产生，更是在道德层面真正立足于人民的福祉。由此可见，基层协商民主协商内容的公共性不仅使党政机关自身服务水平不断提升，还能够有效提升城市基层决策法制化，并以自身独特优势不断提高城市基层治理水平。

三、协商民主应用于城市基层治理的路径优化

自社会主义协商民主概念提出以来，在实际的应用中取得了许多现实成效，因此我们要将协商民主作为有效手段在我国城市基层一以贯之开展。但面对实际应用中出现的各种

问题，也预示着基层协商民主在我国发展建立还不够完善，接下来要将基层协商民主作为常态化工作不断推进。面对中国城市基层的现实问题应具体问题具体分析，结合城市基层的现实情况，加快协商民主在城市基层治理中应用与实践。

（一）构建"共建共治共享"城市基层协商民主治理格局

城市基层治理的目标就是要实现行政权与城市自治权的良性互动、合作共治。因此，要加快推进城市基层协商民主多方参与、协商讨论、达成共识的运行模式，并将"共建共治共享"的价值取向根植于城市基层协商民主之中，使城市基层协商民主体制更加完善、城市基层治理效能显著提升，推进我国城市基层各项工作稳步发展。

1. 多方参与寻求共建价值

协商民主作为有效的治理手段，在其治理的过程中寻求的是强调基层主体"共建"的社会治理价值。从具体内涵来看"共建"是指科学合理的社会治理格局由全体社会成员集思共创、社会治理体制由社会成员群策构建。"共建"的核心是参与，因此，以协商民主提升城市基层治理效能的首要任务就是要发挥多元主体共建、多元主体参与的优势。而就参与来说，其本质是基层治理的相关主体能够积极主动地融入城市基层治理之中，并在协商中发挥应有的作用，从而与协商民主提升基层治理效能的价值目标相一致。在协商层面，这种参与集中体现为各相关主体利益对协商的认同和热情以及协商中的努力和作为。换言之，参与主体只有积极的、主动的、充分的参与，协商才是有价值有意义的。从实践来看，城市基层的治理复杂性、艰巨性决定了城市基层治理效能提升必须依靠城市全民的积极建设与共同参与，这是协商民主得以运行的前提和基础。要善于寻找城市自治中所蕴涵的协商民主理念，从而进行改进与调整，使城市基层协商民主制度在城市自发性制度中衍生而来。具体而言，一方面，协商民主体系要为城市基层政府、基层党组织、村民自治组织、广大城市居民进行城市基层事务的商议和决策提供机制保障；另一方面，要为广大群众提供一个切实有效的平台，建立顺畅的利益表达机制，容纳基层群众的利益诉求，并鼓励不同的群体将个体利益与公共利益进行有效结合，促进城市基层的多元主体共同参政议政，推动城市基层事务高效解决。

2. 协商讨论汇集共治建议

共同协商是协商民主的核心特征。长期以来，广大群众在基层政治生活中往往呈现出消极依附和被动式参与，相较于单向度的传统治理，协商民主更注重各主体相互协作，在群策群力的基础上，打造"共治"的基层社会治理格局。城市基层治理各主体之间的本质就是一个互动关系，想要形成稳定的治理格局，在各方之间寻找平衡点，最好的方法就是协商。在我国城市基层的实践中，探索出了民主恳谈会、民主议事会、听证会等协商民主形式，这些形式保证了各方平等参与，使他们在面对矛盾和问题时可以充分表达自己的意见，允许各方就协商议题进行公开对话，认同城市居民有能力提出建议并采取具有影响力的措施，以弥补行政人员与居民之间的沟通不足。

3. 结果共识彰显共享理念

协商民主强调"公民在平等、自由的前提下，通过公共协商，提出相关理由，说服他人，或者转换自身的偏好，在广泛考虑公共利益的基础上理性指导协商，从而赋予立法和决策以政治合法性。"因此，通过协商民主达成共识，将个体利益转换为集体共识，集体利益才可以被基层每个主体所享受。它克服了个体利益优先引致的农村基层治理的失序和混乱，在个体利益和集体利益的有效张力之内，使二者相向而行而不是相互抵牾，从而摆脱了过去单一的政府主导的治理模式，在强调各个治理主体责任共担、成果共享的基础上，实现公共利益最大化，这也是共享理念的价值所在。由此可见，协商民主与共享的社会治理格局在价值目标和追求上是十分契合的。城市基层协商民主强调求同存异，以政治合作出发点和农村发展目标达成共识，降低基层治理的社会成本，以实现个体偏好向集体共识转换为目的。协商民主要赋予城市不同个体之间充分的信息交换权利，促进基层主体克服有限理性，加深主体之间的相互理解和认同，将个体利益转换为集体共识，在使个体利益的追求不断趋向合理化的同时，将城市基层的治理资源、治理利益和治理秩序"红利"，由城市基层全体成员共同享有，以"公共利益最大化"来平衡各主体个体利益，促进公共利益的达成，在共享理念和共享实践基础上，彰显城市基层协商的价值，推动城市治理现代化。

（二）建立规范化城市基层协商民主机制

现实之中，仅有健全和完善的制度，治理效能并不一定就自动达至，换言之，提升治理效能不能仅仅看城市基层协商民主制度建构与否，还要看协商民主能否系统地运作于城市基层治理所形成的现实运行机制。要加强协商民主应用于城市基层治理的机制建设，使协商的形式、程序具有系统性运作方式，保证协商民主在城市基层运用的可持续性，这也是衡量城市基层协商民主成熟与否的重要维度。我国城市基层协商民主没有既定的模式可以参考，因此，要在尊重社区差异的基础上，将协商议题的设定，协商代表的选取，协商主体的权利和义务，协商程序的运行以及协商结果的实施和监督等，全部形成既定机制，使协商过程按系统化的制度严格进行。通过特定的标准化、规范化手段，在技术层面合理性的基础上，追求治理效能最大化。在关照各个社区独特性的同时，也要明晰我们必须具备较为完善的普适性机制体系，适合在不同的社区中扩散与移植，是基层协商民主机制完善与发展的重要任务之一。

1. 健全协商参与机制

协商参与机制作为基础机制是协商民主开展的起点，决定了治理的性质与方向。首先要做好协商参与者的选举工作。基层协商民主的开展要注重实效性、关注民主成本，面对我国城市基层的现实情形，协商代表选举主要采取复式选举的方式：一方面，根据协商议题邀请相关专家与组织参与其中，在关键时刻为参与者提出意见与建议，从整体上把握协商民主的科学性；另一方面，基层协商民主必须体现民主的本质，坚持"统筹兼顾，全面安排"的原则，将广泛的城市居民纳入到协商民主之中。在选取参与者之前，做好民意调查，确保不同的利益群体的参与。主要采取随机选举城市居民的方式，确保每位居民都有参与到协商民主中的机会，体现平等与公正性的内在价值。复式选举的方式不仅保证了协商民主的科学性，也有效保证了协商民主的民主本质，广泛的基层群众参与也使官民对话成为可能，是应不断丰富发展的协商参与机制。其次，要规定好协商主体的权力义务，加强参与者之间的合作与交流。协商民主的主体覆盖广泛，包含各个层面的城市基层群众，因此要对各方的权利与义务以及应尽的职责进行明确规定。要使基层党政机关将一定的权力交与社会组织与城市居民，提供相应的政策与物力财力支持，做好协调与统筹的工作；社会组织要提供相关专业服务，为协商民主提供智力支撑；城市居民要发挥应有的活力与能力，在协商民主中发挥治理主体的作用。当然，协商民主的有效开展必须要加强各主体之间的交流，正确处理好党政机关、社会组织与城市居民三者之间的关系，在商讨有关民生重大事宜时，各方要善于使用协商的方式沟通交流，为城市基层事务治理提供有效方式。基于此，协商参与机制的科学性与民主性进一步保障了城市基层协商民主的有效性，纠正了在实践中选举参与的种种弊端，让更广泛的人民群众参与其中，并强调各方的协调合作，是新时代基层治理下民主形式的有效彰显。

2. 完善协商议事机制

协商民主的开展主要体现在协商议事机制之中，也是协商民主机制的主体与最重要的部分，协商议事机制要发挥好应有的职责与作用，打造"共同议事，全体负责"的协商工作机制。一是要建立协商议题产生机制。城市基层协商民主议题多与城市居民生活息息相关，协商议题的质量也大大影响协商民主的开展成效。议题的选择既要关注社会的"焦点"，又要注重人民群众的"难点"，同时要积极为提升城市基层治理水平"找问题"，从而根据城市基层的发展需要、城市居民的实际需求与反映的问题确定协商议题。当然城市基层的各种现实问题也是协商民主议题的重要内容，要将解决城市基层实际问题作为协商民主的重要职责之一，逐渐破解城市基层治理难题，不断提升城市基层治理水平。二是要建立好利益协调和矛盾化解机制。协商民主的过程正是矛盾化解的过程，通过整合调节个人利益从而实现公共利益最大化是协商民主的目的，如何在尊重少数人利益的基础上满足绝大多数人的利益追求正是协商民主的难点所在。因此利益协调和矛盾化解机制首先应该保证协商内容与信息的绝对公开，使每个参与者在对协商内容进行完整且正确的认知基础上进行协商对话，以此来消除各主体之间因消息不通畅与信息不对称所产生的隔阂与矛盾，从而达到有效化解矛盾调节利益关系的作用。当然利益协调和矛盾化解还依靠一定的组织与人员的作用发挥，这就需要形成专业化队伍，并对相关人员进行常规化训练，在协商民主的过程中达到协调各方、处理矛盾与利益关系的目标，切实推进基层协商民主议事机制的发展。三是要完善平等对话机制。平等对话机制必须建立在各主体具有相同地位的基础之上，赋予所有城市群众参与协商民主的机会，有效避免基层党政机关对权力的完全把控，使在城市基层治理中开展广泛平等的对话。协商民主的开展绝不仅仅是各主体的各抒己见与建言献策，要积极引导参与者就协商议题进行观点博弈，最终寻找共识，这才是平等对话机制作用发挥的显现。当然，平等对话机制必须依赖于一定的载体，这就需要将常规化方式纳入机制，形成规范化的对话平台。

3. 加强协商监督机制

协商监督机制往往是最容易被忽略的部分，但却影响着协商民主开展的实际效果。加强协商监督机制的建设需要从以下几方面入手：一是对城市居民进行《监督法》普及，并依此建立城市基层监督问责条例。城市居民对于监督相关认知还较为浅薄，对相关法律的了解更是少之又少，因此要想建立好协商监督机制，应做好普法工作，使城市居民了解《监督法》的内容与开展监督的重要性。同时城市基层政府要根据《监督法》设立监督问责条例，将法律纳入到协商民主运行过程之中，使城市居民进行监督时有章可循，对城市基层权力的运用进行行之有效的约束。二是建立协商民主反馈机制。解决城市基层复杂的问题是不可能一劳永逸的，很多问题要在长时间的摸索与实践中逐步完善，我们需要持续性关注在治理过程中的新问题。建立协商民主反馈机制能够收集城市居民对于协商民主实施效果的反馈意见，使城市居民的反馈意见得以通畅表达，从而进行实时修改与完善，推动协商成果的有效落实。三是设立奖惩机制。将奖惩机制纳入到监督机制当中，对检举重大违规行为的群众进行一定的物质奖励，从而激励城市居民自觉监督。同时对协商民主开展过程中违规人员进行一定的惩罚，达到规范城市基层协商民主开展的效果。四是健全绩效评估机制。城市基层组织也要加强对于协商民主的监督作用，居委会、街道办事处在承接政府职能的同时，也要加强对基层政府履职情况的监督，加快建立第三方监督与绩效评估机制，并制定协商民主的考评细则与管理办法，通过详细的履职条例对基层政府的服务能力进行评判，并将相关信息进行公开公布，对协商民主的整个过程进行全方位监督，达到鞭策权力机关更好地履行职能的作用。协商民主监督机制的有效运行需要各方参与主体共同发力，形成基层政府自我管理、城市居民反馈监督，社会组织综合测评的监督机制，从而使协商民主达到最好的期望结果。

（三）拓展城市社区多元化协商民主平台

协商民主制度与机制需要借助一定的平台来实施，要积极利用城市基层资源，依靠城市社区建立多元化协商民主平台，鼓励城市基层各主体通过平台参与到协商民主的实践中来，同时要将传统协商议事平台与现代化平台相结合，增强城市基层协商民主的生命力与鲜活性，使协商民主成为城市基层群众追求公平正义的有效途径，推动基层党政机关的服务能力得到进一步的提升。基层协商民主在实践中形成了多种具有特色的协商平台，为城市居民参与政治生活提供了更多的可能，是化解基层群众矛盾、促进个体之间沟通、提升治理效能的桥梁与有效渠道，但在实践中也暴露出许多问题与弊端，需要进一步改正与完善。随着网络影响力的逐渐扩大，城市基层协商民主也应积极运用好新媒体，弥补传统协商民主平台的不足，运用网络加快推动协商民主在城市基层的全面覆盖，加快网络听证会、网络论坛在城市基层协商民主中的运用，使网络参政议政成为传统协商民主平台的有益补充，推动城市基层协商民主在城市治理中发挥更大的作用。

1. 设置社区议事会

协商议事会是城市基层协商民主在实践中形成的有效平台，是各主体进行平等交流以及利益沟通、共同讨论城市基层公共事务的相关问题与解决方案的重要途径，因此在城市基层设置社区议事会是实现协商民主通畅的必要之举。在城市基层设置议事会需具有一定的实践经历，因此要在汲取实践经验的基础上不断改正弊端与问题，推动社区议事会的建立更加完善。社区议事会的开展时间要有固定的时间，在遇到紧急情况或重大事件时可随时召开，从而保证城市基层事务解决的时效性。社区议事会的规模可以根据实际需求进行变动，但需要囊括各方主体与各利益群体，会议的组织者、主持人一般为基层政府与党组织人员，需要具备一定知识能力与组织能力，从而形成基层党组织、政府领导，社区工作人员安排，多方人员参与的形式。在会议开始之前要对会议议题、流程进行事先规划，在会议的进行过程之中，主持人要对讨论议题的由来以及具体情况进行详细的公布，方便参与者在全面了解的基础之上展开讨论、交流、辩论。同时，会议要提供专家咨询服务，针对专业性问题以及参与者的疑惑之处应由相关专家提供解答，促进协商民主的科学性。在开展的过程中工作人员也要做好会议的记录，以便会议结束后可对细节与结果进行思考，方便会议结束后基层党组织与基层政府审批。在协商民主结束时需要各方形成共识，如针对协商结果还有异议，就需要主持人进行进一步调解。通过传统会议形式在城市基层开展协商民主，使各主体进行面对面交流沟通，针对会议议题进行公开充分讨论，使城市基层协商民主正式、公开、及时的优势得以彰显。

2. 发展网上民主听证会

听证会相对于议事会来说更加强调公开性，在网络上开展民主听证会给予城市居民参政议政更大的空间，不再受时间空间的限制，可以随时随地关注城市基层事务的开展情况，是信息时代对协商民主传统平台不足的现实补充。听证会在我国政治生活由来已久，网上民主听证会实则是对传统听证会的创新发展，从而释放听证会在协商民主中的功能与作用，同时对其局限进行改正与发展。听证会主要由利益相冲突的双方进行辩论，出示相关证据并由相关证人作证自己的观点与论据，网上民主听证会更加强调听证会情况的实时直播，打破时间、地点的限制，让更多的城市基层群众能够监督听证会的过程，并通过发弹幕的形式实时对听证会发表意见。同时在听证会宣布结果之前可以通过网上投票的方式对结果进行意见表达，可谓是对传统协商民主人员有限性与参与狭隘性的改善。发展网上民主听证会要注意以下几个方面：首先注意网上民主听证会的程序性安排。在听证会召开之前要听取各方声音，将听证会的论题、参与人员、时间以及直播链接公布出来。听证会的召开过程一般分为提出议题、各方准备、听证举行、产生结果四个阶段，每个阶段都有其固定的流程。其次，网上听证会鼓励广泛的城市基层群众参与其中。鼓励不同阶层、不同身份、不同价值取向的人尤其是利益相关者参与听证，网上听证会更加便捷且不受场地大小限制，发言可同时进行更加节约时间成本，参与人员可以在直播间内随时发表自己的看法与意见。最后，网络听证会要体现协商结果的共识性。民主听证会的过程与结果要充分听取和采纳参与者的意见，在民主听证会中必须广泛地集中民意与民智，为听证会中各方理性审视自己与他人的观点提供可能，实现协商主体的偏好转换，达成共识，从而赋予协商结果的合理性与合法性。网上民主听证会为不同利益之间对话协商提供了有效平台，也利于城市基层各方进行监督，也与协商民主程序公开、辩论对话、达成共识的内在本质相契合，因而可以作为一种行之有效的平台应用于城市基层协商民主之中，并在城市基层解决公共事务中大放光彩。

3. 开设网络公共论坛

"网络参政"作为新生的政治参与方式，如一股强劲的春风，推进政治民主化更上一个台阶，公民通过网络可以发表自己对于政治生活的看法，政府亦可以倾听人民的心声，从而了解民意，建设"为人民服务"的政府。开设网络公共论坛拓宽了城市居民利益表达的渠道，是对传统协商平台的有益补充，同时网络论坛的公开性与开放性正与协商民主的内在本质相符合。通过公共论坛一般有以下几个途径：一是借助 QQ 群与微信群进行讨论。将城市基层群众聚集在统一的网络结构内，减少了场地、居民聚集的时间与空间消耗，同时也有效化解了协商民主的代表不足。在网络中，各主体可以自由地对协商民主议题进行实时意见表达，对于城市基层的重大信息、紧急信息能够高效率发布，同时重大会议召开之前可以在群中进行意愿投票，不仅能保证更好地了解民意，也有助于选取参与会议主体的科学性。二是通过微博表达个人意见。基层群众可以通过发帖子的方式在论坛里发表自己的看法与建议，也可以点击感兴趣的论坛查看相关内容，还可以对他人的留言采取跟帖的方式进行讨论与交流。微博参政议政的匿名性使参与者在身份的隐藏下吐露心声，基层协商民主可以利用这一明显优势，使协商民主所获取的民意更加真实，当然随着微博实名制的落实也在一定程度上避免了参与者发出过激言语，使协商民主在干净的网络环境中有效开展。三是通过官方网站参政议政。政府官方网站的设立可谓是新时代下的必要之举，也是政务公开的重要途径，是权力机关接受社会监督的关键选择。基层政府可以通过官方网站更好地进行国家政策宣传与协商民主相关事宜的安排，有利于城市居民了解国家时事政治与协商民主的运行过程，从而保障协商民主的有效性与真实性。同时城市社区网站的设立，对社区公共事务进行公开公布，是城市居民对与自身利益密切相关事宜了解的重要途径。通过官方网站要对每一次在城市基层开展的协商民主进行详细记载与公布，有助于更好地总结城市基层协商民主的经验，以及接受城市基层群众的全体监督，从而在不断完善的过程中打造更加有效的协商民主平台。

（四）培育城市社区居民协商民主参与水平

新型治理下，城市居民参差不齐的政治参与水平，也对接下来城市基层协商民主中城市居民参与能力提出了新的要求，我们要在不断提升城市居民能力与素养过程中逐渐完善基层协商民主制度。为此我们既要克服传统治理模式下城市居民参与积极性不高的情况，鼓励城市居民通过协商民主积极主动地参与到城市基层治理之中，提升人民群众在协商民主过程中的作用发挥。积极培育城市居民协商能力，提升其信息获取能力、培养其认知力与表达力、加强其判断力与整合能力，是基层群众参与政治生活的必要前提，这不仅能够更好促进各主体利益表达，推动合理结果的产生，同时还应唤起城市居民对于协商民主所产生的决策以及执行情况的监督意识，使协商民主在阳光、公正的氛围中良性运行，从而推动我国城市基层协商民主的高质量发展。

1. 增强城市社区居民参与积极性

"人的本质是社会关系的总和"，作为社会性质的人应加积极参与到社会活动当中去。改变传统治理模式中城市居民能力不足的难题，有效提升其参与积极性主要可以从以下几个方面入手：一是肯定城市居民在协商民主的价值，增强城市居民政治效能感。一般来说，当城市居民具有较强的政治效能感时其政治参与也会更加的积极主动。对城市居民建议与提议的采纳是对其政治参与的肯定，也使城市居民更加相信自身对于城市建设能够具有价值，能够对政治生活产生较强的影响力，从而使城市居民更加有信心、更加积极主动地参与到政治生活之中，也愈加愿意通过基层协商民主来进行利益表达。因此培养与激励城市居民政治效能感，鼓励城市居民积极参与协商民主并完成既定目标，无疑是提升政治参与积极性的重要途径。二是满足城市居民的实际需要，激发其政治参与热情。马克思认为，对利益的需求是人们一切社会活动的根本动因，政治参与实则是人民群众需求与愿望的表达方式，这也与基层协商民主的内在价值相一致。同时社会利益的公正分配也会让城市居民更加信任政府，因此满足城市居民在基层协商民主中的利益诉求，满足人民群众现实需求，提升城市居民现状满足感，有助于推动其更加积极主动地参与到政治生活之中。三是增强公众的责任心与集体意识。要积极引导城市居民，公共利益的实现以及治理现代化的稳步推进比自身利益更为重要。因此，在日常生活中应面向城市居民开展常规化道德教育，只有具有良好道德素质的城市居民才能更为积极主动地建设自己的家园。综上可见，城市居民政治参与积极性的提升与协商民主高质量发展相得益彰，我们要在持续激发城市居民政治参与积极性中推动协商民主在城市基层高质量发展。

2. 提升城市基层居民协商能力

城市居民的受教育程度、道德水平、政治参与经历都存在着较大差异，因此其协商能力也参差不齐，但城市居民协商能力不足可能导致协商民主原有的功能无法有效发挥，甚至影响协商民主的正常开展，因此提升城市基层居民协商能力迫切且必须。首先，应不断提升城市居民信息获取能力。信息获取能力是城市居民参与政治生活的必要前提，面对纷繁芜杂的信息，城市居民如何从中提取有用信息是对其政治参与能力的考验，其中对于信息真实性的辨别也是城市居民应具备的能力。为此，我们既要引导城市居民从政府网站与官方媒体等渠道获取信息，防止一些虚假信息混淆是非，从信息源来保证保障信息的真实性与可靠性。又要引导城市居民"不信谣、不传谣"，对于一些谣言的传播要增强辨别能力，不能跟随附和谣言的传播，要对信息的真实性进行有效认证并加以判断，从而促进城市居民在基层协商民主中获取的信息更加有效。其次，要积极培养城市居民认知力与表达力。城市居民的认知力与表达力是影响协商民主质量的两个重要因素，面对城市居民缺乏协商民主理论与实践经验的现实情况，我们必须不断提升其对于协商民主相关理论知识的学习，并在实践中不断提升协商水平，增强在协商过程中对于公共问题的可操作性与技术性分析。同时，协商民主要通过自我阐述与互相辩论来寻找共同的契合点，因此良好的表达能力是城市居民参与协商民主应具备的能力，这就要求我们既要教育引导提升城市居民语言功底，又要创造机会使城市居民参与到协商民主的过程之中，不断提升言语的清晰表达以及言语表达的感染力，从而正确表达自身意愿与需求，准确传递相关信息。最后，必须持续加强城市居民信息判断力与整合力。协商民主尊重每个主体发声，面对复杂多样的信息与利益表达，城市居民的选择与判断显得尤为重要。这就需要平时对城市居民进行正确利益评判标准与道德伦理准则的灌输，促使城市居民正确对待他人的利益需求，在自己的理性的、客观的、符合社会公共利益的评判标准下进行判断与衡量，对公共问题具有自主性的价值判断与价值选择。同时基于正确判断还必须具备整合信息的能力，将复杂多样的信息进行有效整理，这都需要城市居民通过案例学习、实践训练来提升自己的行为能力，从而以更高水平参与到协商民主之中，切实保证整个协商民主产生应有的效果。

3. 加强城市社区居民监督能力

协商民主多主体参与意味着要遵守权力共享的原则，因此协商民主开展中权力运用必须受到制约与监督。基于城市居民数量多且参与到协商民主全过程，使其担当协商民主的监督者称体裁衣，使城市居民治理主体的主体地位有效发挥，也有效提升基层协商民主的质量与水平。在协商民主中增强城市居民监督意识主要在两个方面：一方面，监督协商民主成果合理公正产生。协商民主的公正与否直接决定协商民主的质量，因此城市居民在参与的过程中必须做好监督工作，自觉对协商过程中的对话进行录音与文字记录，为监督成果的真实有效提供客观依据。同时推动城市居民对协商过程进行实时监督，保证协商成果是全体参与者共同意志的结果。要使城市居民认识到监督也是基层协商民主参与过程中应当承担的责任。另一方面，要对协商结果的落实做好监督。政务公开是基层权力机关相关工作公开透明的重要途径，也是城市居民行使监督权的基础。城市居民的监督对象一般是城市基层权力机关，只有政务公开才能使城市居民进行有效监督。加快城市基层政府部门门户网站建立，对人民群众所关心的事务进行政务公开。同时还要加大对城市居民监督意识培育力度，通过各种方式对城市居民进行普法宣传，激发城市居民监督意识、调动其监督主动性，鼓励他们积极行使监督权力，从而营造全民监督的良好环境。当然拓宽民主监督途径是城市居民监督意识转化为实际成效必不可少的步骤，为此我们既要完善好传统监督渠道，例如书面与口头质询、公告张贴、信访制度等等，也应紧跟时代的脚步引入媒体舆论监督，针对协商民主中不合理的部分以及在实施中存在的问题进行提议与批评。基于此，才能加快在城市基层开展协商民主问题的发现，从而保证城市基层协商民主高效运行。

第二节　基层协商民主的比较优势及发展路径

协商民主是中国特色社会主义民主政治的独特优势，是实现人民当家做主的基本形式之一，是党的群众路线在政治领域的重要体现。在当前社会转型过程中，为了解决错综复杂的社会矛盾纠纷，基层社会的协商民主实践蓬勃发展，逐步形成多种多样的协商民主制度，主要做法有民主恳谈会、参与式公共预算、民主听证、共识论坛、党群议事会、乡贤理事会、民情理事会、村（居）民协商理事会、社会协商对话会、民意裁决团、六步决策法、八步工作法等。协商形式广泛多样，运作方式各有不同，但都是协商民主的实践形式，体现协商民主的精神和要求，都显现出旺盛的生机与活力，"有效维护了群众切身利益，促进了社会和谐与文明进步"，体现出持续和深化发展的良好趋势。基层社会是实践协商民主的重要舞台，是最能发挥协商民主治理优势的地方。大力推进基层协商民主建设，既是基层社会治理转型的现实需要，也是国家治理现代化的有机组成部分。

一、基层治理与协商民主技术的耦合

自古以来，中国都是一个幅员辽阔的人口大国，各地区之间的情况千差万别，经济和社会发展存在很大的不平衡性，需要解决的问题千头万绪，五花八门。国家治理的任务非常庞杂，也极其艰巨。在历史的长河中，从郡县制、保甲制到宗族制度以及乡绅自治和村规民约等，基层治理既有许多成功的经验，也有大量失败的教训。古人云，郡县治，天下安；今人说，基础不牢，地动山摇。基层社会的运作状况直接关系到民生福祉、政治稳定和社会和谐，既是国家长治久安的根本，也是社会治乱兴衰的关键。

基层社会是一个模糊的概念，主要是指乡镇、街道、村庄、企业、单位、社区或小区以及邻里等层面的社会领域。这些既是人口高度密集的活动领域，也是矛盾纠纷频发高发的地方。基层的矛盾纠纷出现在社会生活的各个领域，比较常见的问题涉及社会保障、劳资纠纷、物业矛盾、拆迁矛盾、征地纠纷、医疗事故、村民冲突、邻里关系等。这些问题直接关系到人民群众的切身利益，具有经常性、多样性、复杂性、敏感性和易激化等特点，如果得不到妥善解决，就很容易酝酿和引发更大的矛盾纠纷。

基层社会的矛盾纠纷说到底是各种各样的利益冲突，是人民内部矛盾。导致利益冲突的具体原因多种多样，直接原因包括价值差异、利益摩擦、制度畸变和法治缺失等，但也与权利、资源和机会等分配不公息息相关。社会主体参与权、表达权和话语权的不平等使得相互之间缺乏尊重、沟通和对话，也引发和加剧了社会的矛盾纠纷。矛盾纠纷的升级和扩大助长了非理性行动的蔓延，比如，不合理的漫天要价、机会主义和要挟政府等，影响社会和谐，还导致强烈的社会不信任。

各种矛盾纠纷检验着基层治理的能力，提出了国家治理转型的要求，更要求治理技术的优化和升级。群众利益无小事，解决矛盾纠纷，实现社会和谐，是党和政府的重要责任。在当前社会治理日趋多元化的驱使下，解决基层社会的矛盾纠纷，关键是要建立平等开放的参与机制，建构程序合理和环节完整的协商机制，允许利益相关者参与到公共决策和政策执行的过程中，让决策者听到人民群众的声音，让利益相关者相互听到对方的声音，通过协商对话达成各方都能接受的共识，真正做到让人民群众当家做主，为自己的事情做主。基层治理本质上是多元社会主体之间的互动、协调与平衡，最重要的治理技术就是协商对话。协商民主主要是不同利益主体就公共事务通过协商达成共识，基本要素包括协商参与者、偏好及其转换、讨论与协商、公共利益、共识，核心要素是协商与共识。协商民主与基层治理具有很强的耦合性。

（一）主体的契合性

近年来，城乡基层治理出现了新的特点，具体是"治理主体的多元化、治理结构的网络化、治理制度的理性化、治理方式的民主化与法治化、治理技术的现代化"。基层治理主体多元化主要是指"以党政为主、多元权威主体为辅的协同治理主体，即党的基层组织、政府、基层自治组织、基层民众等基层治理主体"。解决基层治理中的问题离不开多元主体的参与、表达和互动。协商民主强调自由平等公民主体的协商对话，即"能以自己的名义参与协商，能介入到协商过程中，能对协商结果表态"，在理性思考、偏好转换、合议妥协的基础上达成共识，这些都契合基层治理的需要。

（二）价值的一致性

改革开放以来，基层治理由"强化基层权威和积累权力"转向"限制基层权威和分割权力"，赋予社群和社会以自治权利，从而使基层治理向多元民主治理的方向转化。与之相适应，公民权利、平等协商、开放透明、公共理性和公共精神等价值也逐渐兴起。改革开放以来，当前基层治理价值目标的转向，与协商民主追求的核心价值具有明显的共通性。协商民主追求民主价值理性和工具理性的统一，它的"实质是以理性为基础、以真理为目标"，"协商的基本目标是解决冲突，在行动者间恢复合作并在他们的活动中恢复协作"。因此，协商民主"所具有的善的品性"契合基层治理价值转型。

（三）任务和功能的耦合

基层治理的主要任务是公共决策、纠纷解决和公共管理等。协商民主的应用显示出良好的绩效。首先，协商民主为公共决策提供更好的理由支持，也能保证出现更好的决策结果，更为选举民主提供了好的补充。其次，以社区民主议事会、基层民主恳谈会为主要形式的协商机制，为化解民主基层治理中的矛盾纠纷提供了崭新的视角，增强了党和政府的合法性基础。最后，协商民主有利于克服部门内部监管的瑕疵，激活人民代表大会的监督职能，实现公众对预算的全程参与，极大地提高了政府公信力，增强了政府的合法性。就此而言，协商民主呼应了基层治理的现实需要，发挥出应有的治理潜能。

二、协商民主在基层治理中的比较优势

大量研究者指出，因为历史基础、发展路径和政治体制等方面的不同，中国的协商民主与西方的协商民主之间存在多方面的差异性。但研究者也指出，中国协商民主在实践上能更有效地拓展公民政治参与的渠道，能最广泛地包容和吸纳各种利益诉求，能更突出地体现社会主义民主政治的特色和优势，能更好地实现协商共识和更有效地应对社会冲突与危机。从实践层面来看，当前基层社会中的协商民主已经显示良好的发展势头、广阔的应用空间和显著的治理效果，它有根、有源、有生命力。那么，协商民主在基层治理中究竟具有什么样的特性和优势呢？

总的来说，根据参与者及其关系的状况，基层社会治理问题的解决主要有两种类型的结构性方法：一种是权威裁决式的方法，即由党委、政府等权力机构依靠命令方法或管制手段等进行社会管理，其特征是一元化、权威式、等级化和指令性；另一种是协商对话式的方法，即由利益相关各方通过平等协商和理性对话达成解决问题的共识，其特征是多元化、平等式和对话性。相对于权威裁决式方法，协商对话式治理在基层治理中具有多方面的优势。

在价值禀赋上，权威裁决式治理追求权威、专业、控制和秩序，强调权威/权力的功能、有效性以及对权威/权力的服从，将治理的权力和责任赋予给权威性机构及其决策者，排斥社会公众的参与。协商民主承认多样性是不可避免的社会事实，承认普通社会成员具

有理性、自主性、自治能力以及解决社会问题的能力，崇尚包容、平等、参与、倾听、尊重、理性和对话，主张并鼓励人们参与影响彼此的公共事务，通过平等对话交换意见，缩小分歧，求同存异，达成共识。相对于权威裁决式治理及其所形成的简单的命令与服从关系，协商对话式治理依靠理性说服而不是强权或命令，能够更好地吸纳社会公众的偏好和需求，尊重并保护少数人的利益和意见，也有利于赢得社会个体的认同，促进公民参与意识、理性精神和协商精神等的发育。

在治理机制上，权威裁决式治理以党和政府等权威性机构为中心，自上而下地运用命令、指令和强制等手段来协调利益冲突，很容易忽略其他社会主体的偏好和诉求，抑制人民群众的自主性、能动性和积极性，结果不但使许多问题长期得不到解决，而且也容易诱发出新的矛盾纠纷，引发社会公众的不满。而"协商的另一个角度在于强调寻找正确的解决方法"。协商民主让利益相关者参与进来，表达个人的意见，也了解别人的需求及其原因，贡献并发现有用的知识，探求解决问题的可能性：既可以利用具体的和分散的个人知识，生产出新的知识，形成高质量的共识性决策；也可以通过对话和妥协缩小分歧，汇聚多元社会主体的力量解决复杂的问题；还可以培育社会自治的能力，弥补官僚制治理的不足，提高基层社会治理的效能。

在互动过程中，权威裁决式治理以党和政府等权威性机构为固定的一方，以其他社会组织和公民个人为一方，互动结构是单一中心的，实质上是权力中心的，其他主体都处于一种外围或边缘的位置，其中，党和政府占据着权力、资源、信息和话语等方面的绝对优势，拥有支配性地位和决定性力量，体现出可控性和效率方面的优势，而其他社会主体则更多是一种依附性或被支配的地位。而协商对话式治理意味着多元化的社会主体，形成的是一个多中心的互动结构，虽然参与者之间存在沟通和表达等能力上的差异，但参与者在协商对话过程中的地位和身份是平等的，参与者可以通过各种渠道参与协商对话过程，自由地表达偏好和意见，相互施加影响，这个过程虽然需要付出很高的沟通成本，但却能够消解单中心治理结构所难以避免的专横甚至压制，也可以形成更多竞争和试错的空间，为矛盾纠纷的解决提供创造性思维。

在治理效果上，权威裁决式治理的权力高度集中，依靠强制或命令等工具进行治理，通常具有简洁和高效的特点，"看上去很美"，但基层党和政府往往容易大包大揽，干预得太多，卷入得太深，结果反而是费力不讨好，出现"政府买单，群众不认账"的尴尬局面，甚至将矛盾纠纷都转移到自己身上，将其他性质的矛盾纠纷转化成公民或社会组织与党和政府的矛盾。这样"一波未平、一波又起"，既有的社会问题没有得到妥善解决，反而又引发出新的矛盾纠纷。而作为一种具有分权性质的治理机制，协商对话式治理将治理的权力和责任均匀配置给个人，将问题交给利益相关者自己去协商解决，将解决问题的抉择权交给社会公众，这也同时倒逼党和政府回归矛盾纠纷的协调者和仲裁者的角色，即做好"裁判"而不是充当"运动员"。这样通过多元主体的理性协商解决问题，看上去也许会比较纷乱，但却可以更好地发挥多元主体的治理功能，避免政府直接干预可能导致的治理失灵以及政府兜底可能诱发的不负责任问题，还能提升国家治理的合法性和公信力。

权威裁决式治理通常意味着复杂的流程和环节，甚至根本难以启动，也容易带来延滞成本，协商民主具有操作方面的相对便利性，比如，基层社会是局部性的，矛盾纠纷通常涉及的人群范围不大，利益的复杂性程度也不高，大多是可以通过协商解决的问题，而未必需要利用权威性资源予以处置；相对于定期举行的选举民主尤其是党和政府议程设置的拥挤和紧张，基层社会可以随时随地灵活开展协商对话，进行意见交流，达成解决问题的共识；而且协商对话不需要设立专门的运作机构，也没有设置知识、财政和资源等方面的要求，制度门槛以及运行成本都比较低；对于既有的政治体制来说，协商民主主要是补充性的，是工具层面的选择，而不是颠覆性的，因此，能够得到更多正式支持，被更多地应用到基层治理的实践中。

总之，在我国社会转型时期，基层社会治理也面临深刻而重要的转型。协商民主是我国民主政治的重要形式，具有坚实的社会基础、强大的生命力和广阔的发展前景。相对于传统以权威和权力为中心的治理形态，协商民主以协商对话为中心，应用于基层社会中具有良好的适应性、灵活性、可操作性和治理效能，既是推进基层民主政治发展的重要途径，也是国家治理现代化的题中应有之义。

三、基层治理中推进协商民主的途径和方法

在当前高度多元化的时代，由于社会利益关系的深刻调整，基层社会治理的形势越发严峻，需要应对的问题也越来越多，对治理能力的要求也越来越高。妥善处理好涉及人民群众切身利益的问题，有效化解基层治理中的矛盾冲突，必须充分应用协商民主技术，促进多主体、多层面和多领域的协商对话，发挥多元主体的积极性、主动性和能动性，提升基层治理的效率，提高国家治理现代化的水平。"协商民主的根在基层"，在基层治理中推进协商民主，完善协商民主的机制和条件，可以从以下七个方面入手：

（一）坚持多途径培育公共理性和社会精神

推进基层协商民主必须解放思想，深刻认识和领会社会治理的发展趋势，认真落实党中央关于加强基层协商民主建设的指示和精神，将协商民主的原则和要求嵌入具体的制度

安排和操作程序中，让参与者真正感受和体验到协商民主的内在精神。通过广泛而多层次的民主协商来展现协商民主的技术优势，着力培育开放透明、理性思考、平等对话、宽容妥协的社会精神，让"协商办事"和"坐下来谈"成为社会生活的基本常识，真正坚持做到有事多商量，遇事多商量，做事多商量，通过商量出办法，出共识，出感情，出团结。在持续的沟通、互动和博弈过程中寻找社会的"最大公约数"，获得社会各方都能接受的"均衡点"，找到解决矛盾纠纷的社会知识和民间智慧。

（二）坚持调整存量和培育增量的"两手抓"战略

其中，调整存量"主要是指持续发扬基层民主政治建设所创造的协商民主形式，对目前已经取得的成就、积累的经验和存在的问题进行总结和思考，立足于地方改革和发展中的重大问题——如新型城镇化、精准扶贫攻坚和社区改造等，改进和优化治理结构和运行机制，大力激活既有的制度资源，提升协商民主的适应力、生命力和影响力。"培育增量"主要是指积极探索基层协商民主新的生长点，根据实际情况和社会需要，为基层协商民主培育新的动力、发展新的形式、拓展新的空间、引入新的协商方法等，更大范围地整合社会资源以形成新的资源整合方式，搭建多元化的协商议事平台，提升协商效率和协商水平，最终实现真实协商和有效协商。

（三）坚持发挥基层党组织的主导作用

社会主义民主政治建设离不开中国共产党的领导，基层协商民主建设需要切实发挥基层党组织的领导、统筹和指导作用，在议题选择、参与范围、程序设计和协商过程等方面发挥掌控作用，形成推进协商对话的良好氛围，保障和推动公民的有序政治参与。各级党和政府必须把协商民主建设纳入总体工作部署，提上重要的议事日程，强化对协商民主活动的统一领导、部署和实施，以人民群众关心的问题为切入点，围绕重大问题、复杂问题和难点问题，有计划、有步骤地推进民主协商活动。地方党委和政府要建章立制，加强对基层组织协商民主建设情况的检查和监督，加大问责的力度，注重协商民主的实效，真正做到协商于决策之前和决策实施之中，提高协商民主的针对性和有效性，防止形式主义，防止"不协商"和"假协商"。

（四）坚持多元社会主体的协同配合

基层政府（及其派出机构）、人大、政协和其他社会组织（如业主委员会和农业集体经济组织等）以及公民个人等都是基层协商民主的重要主体，相互之间的协同配合既对于推进协商民主具有重要意义，也对于顺利解决社会问题至关重要。为此，要深入落实党中央和国务院关于推进协商民主建设的精神、原则和要求，加快推进协商民主的制度化和规范化，根据机构性质、现实需要、专业优势、行业特点以及职责工作等，制定并严格落实程序严密、简易便利的协商制度，合理确定协商民主的主体、内容、方式、参与人以及时间和地点，努力提高协商民主的效率和质量，尤其是注重通过民主协商来解决与人民群众利益密切相关的问题，鼓励人民群众自己来解决自己身边的问题，提高人民群众的满意度和认可度，促进社会和谐。

（五）优化基层协商民主的制度供给

首先，提升基层政府对协商民主的认知水平和实践能力，推动基层政府向社会和公民放权，明确基层协商民主的内容和原则，避免基层协商民主建设"泛化和模式化"的实践乱象。其次，构建由人大或政协牵引的协调联动机制，建立健全人大代表和政协委员工作室等联络机制，打造网络论坛等协商渠道，密切人大代表和政协委员同人民群众的联系。再次，坚持以统一战线推进基层协商民主建设。充分发挥统一战线在参与和助推基层协商民主建设方面具有显著的资源优势、网络优势、制度优势和功能优势。最后，大力推进政社分开，充分发挥工商联、各级青、工、妇等社会组织在基层协商民主中的作用，提升参与协商民主的素质和能力。

（六）坚持提升基层群众的协商能力

坚持"干中学、学中干"，从多方面培育基层群众的权利意识、理性精神和参与能力，充分发挥基层群众的主动性、积极性和创造性，鼓励和支持人民参与民主协商，为基层群众的民主协商提供条件，最重要的是保障公民的知情权、参与权、表达权和监督权，构筑信息沟通、意见交流和协商对话的平台，真正做到协商在民、协商于民和协商为民，让基层群众自己协商，让基层群众自己说了算，让基层群众为自己的行动负起责任，尤其是要注重建立良好的激励机制，通过对公民以及社会组织的分权和放权，提高民众参与民主协商的意愿和能力，如参与协商对话的自觉性、判断利益诉求合理性和正当性的能力、提炼和表达利益需求的能力等。

（七）坚持完善协商民主的实践技术

协商民主技术既是行动中的学问，也是实践性的知识。只有把协商民主付诸实践，不断完善协商民主的操作技术，才能真正发挥其作用，体现其生命力、公信力和影响力。重点是将协商民主应用到基层社会解决社会问题的过程中去，根据其解决社会问题的能力来检验其绩效，并立足于解决社会问题的效率来探索协商民主的完善和发展，推进基层治理的理性化、透明化、民主化和法治化。这其中，要切实解决协商民主动力机制不足，以及基层协商民主实践中存在的"改革试验停滞""形式大于价值""公众参与淡漠"等突出问题。要切实发展基层协商民主实践的"治理动力、利益动力和理论动力"这三大动力形态，减少基层协商民主流产、中断和消失的可能性，构建协商民主的长效机制。

总之，协商民主是民主政治发展的必然要求，是公民权利在治理层面的实现途径。为应对当前基层治理的困境，党中央明确提出了推进基层协商民主建设的要求，出台了推进基层社会协商的相关文件，体现出推进协商民主建设的决心和意志。从目前来看，经过多年的持续推动，协商民主正从基层草根创新上升到国家建设，从地方的局部探索转变到全国性的普遍实践，从权益性的治理策略转向常态化的制度实践，确立民主政治发展的新的生长点和立足点，开辟中国特色社会主义民主政治广阔的发展空间。

国家治理现代化需要治理技术的现代化，基层社会治理需要治理技术的创新。协商民主在基层社会的治理尤其是矛盾纠纷的解决方面，具有良好的技术优势和应用前景。"协商民主是一种平等民主，契合了现代国家治理公平公正的基本属性"，随着协商民主建设的持续推进，协商民主将会得到巨大的发展，也将会在基层治理中发挥更加重要的作用。

第七章　基层社会治理法治化

第一节　基层社会治理法治化相关理论

一、基层治理法治化的时代价值

（一）基层治理法治化是马克思主义法律观中国化的崭新成果

中国特色社会主义法治理论是马克思主义法律观中国化的时代产物。马克思主义经典著作中就有大量关于法律的精辟论述。马克思主义法律观是马克思主义思想不可或缺的重要组成部分。

马克思主义法律观坚持人民立场，新时代基层社会治理法治建设继承了马克思主义中的人民主体法治思想，坚持基层法治建设人民中心论。马克思在 1842 年 12 月发表的《论离婚法草案》一文中指出：只有当法律是人民意志的自觉表现，因而是同人民的意志一起产生并由人民的意志所创立的时候，才会有确实的把握……1843 年，马克思在《黑格尔法哲学批判》一文中指出：在民主制中，国家制度、法律、国家本身，就国家是政治制度来说，都只是人民的自我规定和人民的特定内容。而要全面建设法治中国，党和国家将人民中心论的思想贯彻到了法治建设当中，基层法治建设是紧密联系群众、面向群众的法治建设工程。我国提出要满足人民群众的法治需求，推进基层治理法治化，是人民对新时代公平、公正、法治的渴望使然。推进基层治理法治化，不止强调法治成果由人民共享，营造基层法治氛围，维护社会良好运行秩序和人民幸福安定；还强调人民创造主体、建设主体的群众观，人民的切实需求引领基层法治发展的走向，人民参与法治建设推动法治社会的发展步伐，人民的法治素养滋养中国法治建设的发展。基层法治化治理强调鼓励人民群众参与法治发展的全过程，完善基层民主协商制度，保障人民民主权利，鼓励群众参与基层法治建设监督，人民在法治建设中的地位不断提高，法治建设能力不断增强。

马克思主义法律观坚持法律源自物质的生活关系，新时代基层治理法治化建设继承了马克思主义法律观的唯物主义观点，基层法治建设是基层经济发展的时代产物。马克思主义法律观认为原始社会不存在法律，法律是社会发展到一定阶段，反映统治阶级利益和意志的统治工具，经济基础决定了法律出现的必然，经济基础的变化发展带来了法律的变革。资本主义法律是资产阶级生产关系和生产方式发展的产物。我国基层治理法治建设是由基层社会经济发展、社会生产关系发展的时代需求决定的。改革开放以来，我国大力发展经济，城乡经济一体发展，不断提高经济发展水平和发展质量，第一、二、三产业经历了时代变革，产业变革导致社会结构和人身依附关系发生了变化，个人经济利益关系变动引发了新的矛盾纠纷。以基层农村为例，经历了改革开放和家庭联产承包责任制改革，人们强调家庭利益和个人利益，一方面激发了农村经济的发展活力，另一方面滋生了利己主义，群体纠纷也因为利益分化而增多，为维护社会秩序和人民和谐团结的社群关系，基层法治建设应运而生。没有经济基础的支撑，基层法治建设就像没有轨道运行的列车，法律具有预设性，但不具有超然性，法治建设不能超乎基层经济发展的时代背景。

马克思主义法律观认为法律是统治阶级意志的产物，新时代基层法治化治理突出体现了人民当家做主的地位，是人民意志的反映。与资本主义社会相反，我国的统治阶级是广大人民，人民是国家的主人，党是国家的领导者，党的执政地位和资格是人民赋予的，基层法治建设是人民的心声，制度设计是在党的领导下，发挥人民的智慧完成的，基层法治建设从制定发展战略到最终施行都离不开人民群众的参与，人民的意志贯穿于基层法治建设的全过程。将法治建设成效的检验标准定位于人民满意与否，突出体现了基层法治化建设的核心追求。

（二）基层治理法治化是我国深化改革过程中的法治革新

基层治理法治化是基层社会治理的时代新阶段。其创新之处在于以下几点：一是创新政府社会治理职能。基层治理法治化的要求是推进基层社会法治化建设，囊括管理体制、民主权利、社会秩序、人文环境氛围等方面，政府作为法治社会建设的中坚力量，必须转变角色定位和工作方式，基层社会法治建设要求政府法治化改革，只有建立法治政府才能与基层法治社会衔接。二是创新社会治理理念。法治化治理是对传统法制管理的颠覆，纠正行政主体论的价值认知错误。随着我国基层社会的建设，经济文化建设取得显著成效，生活水平的提升带动了基层群众思想道德素质的提升。法治化治理是在充分尊重和肯定基层社会大发展大进步的前提下，为人们提供的公共治理服务，法治型政府的突出特点是建立服务型政府。三是创新基层治理思维。基层治理法治化不是一味强调法律的重要性，基层治理的本质是基层自治，现阶段的法治化建设内涵是自治、法治与德治三者的协调统一。就好像治理是管理的深化发展，法治化是法治的内涵延伸，法治是一种原则和方式的概括，是从结果立场去评价治理效果，法治化是治理过程的动态表述，侧重法治的动态发展。治理法治化不是强调治理呈现效果，而是关注法治建设的持续性发展，国家治理始终是党和国家治国理政的重要工作，推动法治化建设，就是立足国家治理的发展长远布局，基层治理法治化建设是没有终点的。

（三）基层治理法治化是推进依法治国在基层的具体实践

全面依法治国的关键在于顶层设计，基础在于基层推进。全面深化改革，推动中国特色社会主义制度不断完善，推进国家治理体系和治理能力现代化，是中国特色社会主义发展阶段的时代要旨。治理体系的建构承接深化改革的发展要求，同时也是社会主义制度建设和完善的重要形式。法治体系建设是推进全面依法治国的总抓手，推进全面依法治国是个系统工程，涉及社会发展建设的各个方面，法治体系统化整合部门法、规章等，组建中国法治之网，优化法治资源配置，避免法律重叠烦冗。法律作为社会发展的上层建筑，随着社会生产关系的分化和更替而不断优化内容规定，法治体系也在不断调整磨合中完成了"大发展"布局。治理体系的圆缺要通过实践检验。现阶段基层治理仍需要不断提高法治思维和法治自觉，针对基层现实情况，发挥人民的首创精神、培育法治建设的内生动力，只有迎难而上才有开创，坚定法治建设道路才能开创基层治理新序章。实现基层治理法治化的建设目标，必须把依法治国的各项要求与基层治理法治进展相结合，具体问题具体分析，发挥宏观法治体系指导和微观实践创造相结合的双重能动性。

二、基层治理法治化的三维向度

自治、法治、德治是基层治理法治化的发展内核，自治是法治之基，法治是自治之要，德治是法治、自治之援。没有基层自治，法治就是无本之木；没有法治，自治就无法得到真正的落实和保障；没有德治，自治和法治就缺少长期保障。自治、法治、德治作为推进基层治理法治化的重要价值内核，必须协同推进。

基层自治是法治建设的基础。基层自治制度是我国社会主义民主政治制度的伟大创造。基层群众自治制度是在党的领导下，人民群众充分发挥主动性，参与基层社会发展建设的制度。基层自治其显著优势在于以下几点：一是有效保证我国民主的真实性。我国农村村委会和城市社区居委会是村民实现直接民主的重要场域，通过行政划分，每个村和社区都设有各自的自治组织，奉行群众事务民主决策、民主管理、民主服务，直接民主制度是我国社会主义民主制度具有真实性和广泛性的体现。相较西方代议制民主，我国更注重每一个体都能切实感受到民主权利。代议制民主下的精英政治，人民民主存在虚伪性和向下欺骗性，会陷入民主虚无主义。基层自治制度作为我国四大重要的民主制度之一，是我国民主制度建设的重要依托，也是基层民主建设的重要保障。二是有助于化解由民族性、地域性、发展的不平衡性造成的管理差序格局。我国幅员辽阔，人口基数庞大，要施行政府管理领域全覆盖，存在两大问题，一方面增加政府机构层级，增设管理部门，会导致机构设置冗杂，管理部门赘余，极易产生冗政和巨大的财政供养负担；另一方面如果坚持简化行政机构层级设置，精简行政管理部门和管理队伍，每个基层政府直接管辖行政区划下辖的群众事务和基层发展，则会导致基层政府工作压力巨大，政府和干部队伍负担过重，分身乏术，滋生敷衍作风，同样危害基层社会发展。基层群众自治组织是政府基层管理触手的延伸，基层政府通过组织构造，发挥对基层村委和居委会的宏观指导作用，保障地区各部分发展坚持正确走向，强化服务职能，既减轻基层政府管理负担，优化管理资源配置，又保障基层群众发挥自治能力，激发地区发展多元活动和创造力。推进基层治理法治化，基层自治制度作为基层治理的根本，地位不可动摇，基层法治化建设不是开拓基层治理的新疆土，而是结合基层自治制度优势，不断为基层自治制度的完善注入法治动能，推动民主制度法治化、公正化，推动基层民主选举制度法治化建设，更加公开透明，人民的民主选举权得到真正落实；建立民主协商常态机制，保障村民有效行使村务发展民主决策权、村务管理民主监督权。

法治是自治的重要保障。一是法治中国建设首要的目标是建立完备的法律体系。没有规范严密的法律体系，就没有法治建设的制度支撑，建立法治体系的自觉性和自主意识提高，有利于规范日常法治治理行为。目前针对基层法治发展，国家大力提倡建立公共服务体系，用法治建设系统观审视法治发展步骤，不断完善法治治理流程和制度设计，以规范化体系化的法律服务体系建构常态化的治理格局，让民众感受到法治建设的决心和重要意义，提高法治建设的认知和接受程度。自治以基层群众作为发展建设的主力军，群众的法治观和基层发展观逐步系统化、规范化有助于促进基层自治由内而外地迸发建设活力。二是法治保障自治自由。我国基层管理经历了从法制到法治的发展变革，自治组织的发展自由度决定了自治的发展程度和空间。基层农村和社区治理受制于经济发展和政策管控，长期以来形成了行政政策依赖性，发展自主性不断被削减，加之基层政府的发展建设目标往往凌驾于基层社区的自主发展规划之上，造成社会管理听命令、听安排的现状。法治化建设首先要解决的就是权力分界问题，基层政府的权力清单制度有利于政府工作部门形成权力分属意识，明确权责边界，通过明确的制度规定避免分权的笼统模糊，充分保障自治自主性建立，同时法治强化政府的服务职能，坚持法治政府"有为和有限"双重目标建构，与基层法治化治理工作衔接。只有推动法治政府建设不断深化发展，基层法治社会才能有公共支持和法治保障。三是法治建设有利于保障基层民主建设。民主与法治息息相关，没有民主就没有法治。没有法治，民主就是谎言，法治保障民主的确立和行使。以史为鉴，保障基层民主权利首要的工作是不断完善基层法治制度保障，用法治保障民主选举、民主管理、民主决策制度，用制度保障民主权利行使的规范化、公正化、常态化。

德治是自治和法治的重要补充。德治思想作为中华政治文明的智慧结晶，经历社会变迁仍焕发不朽的时代价值，岁月洗练永远焕发德治精粹。作为国家治理的重要指导方针，德治始终是国家昌盛稳定发展的重要内核。在全面依法治国、推进基层治理法治化的发展期，德治凭借其融合性和适应性，与法治和自治高度契合。一是德治可以弥补法治建设过程中的缺漏。法治是推动社会秩序建立的有力保障，规范社会关系、稳定发展秩序、建构发展大局，但是法律不是万能的，法治建设也不是一蹴而就的，法治建设有制度难以触及的真空地带，比如个人品德规范、社会心理、精神思想等，无法通过强制手段予以规范，放任发展又会增加社会隐患，必须要用道德感召，德润人心，安抚社会，否则就会陷入法制建设的倒退。二是德治为自治的发展营造了良好的社会氛围。一个充满中华民族传统美德，人人都重视精神文明发展，注重家庭和个人涵养的社会是一个和谐稳定的社会。同时加强社会道德建设，不断提高人民的思想认识，将小我意识转变为集体意识、家国情怀，民主权利将会获得新的时代认同感，成为基层群众奉献建设力量的重要方式，基层自治意识觉醒和民众参与度提高，将推动基层法治治理取得新成果，良好的基层社会人文环境，能保障基层法治建设取得事半功倍的成效。

第二节　基层社会治理法治化的目标与路径

一、基层社会治理法治化目标

（一）基层社会治理规范体系化健全

在法治中国的背景下，法律是治国之重器，良好的法律与完善健全的法律运行机制是基层实现治理法治化的前提基础和首要条件。发挥法治在基层事务治理中的重要作用，以法律赋权而做出一系列符合法律法规制度的行为。基层社会治理规范体系化健全就是将宪法制度及其精神贯穿于推动基层社会治理法治化进程中，社会重要领域立法完善，基层治理主体的权力边界、程序规则、基层治理的自治范围明晰，基层社会公共安全防控制度、社会保障等在内的基层民生方面的立法完备。同时，正式法律规范与村规民约等能够适用准确，法律实施具有统一性，能够为基层社会治理提供坚实的法治保障。

（二）基层社会治理主体法治化

基层社会治理主体法治化就是要求以党委领导为根本，政府主导为关键，社会协同为依托，公众参与是基础，打造基层社会治理主体的多元化，注重构建基层治理主体体系，引导其法治化建设。党委领导作为基层社会治理的根本要求党组织队伍整体素质提高，党组织建设覆盖面扩大，基层党组织在群众中的威信力、凝聚力和政治引领力不断提升。政府主导作为基层社会治理的关键，最直接面向广大人民群众，直接关系到广大人民群众的意志落实与利益实现，这就要求法治人才培养创新，基层执法队伍法治建设完备，法治化与专业化水平不断提升。社会协同作为依托要求社会组织发展壮大，由行业协会、基层群众性组织等社会组织来代表公民独立行使社会权力和调整社会关系，保障社会治理稳定运行。公众参与作为社会治理基础要求民主协商活动充实，民主协商制度化渠道健全，群众广泛参与基层治理，参事议事水平得到有效提高。

（三）基层社会治理过程法治化

基层社会治理过程法治化就是要求权力运作规范，基层民主治理建设完备，基层网格化依法治理。权力运作规范具体为基层党组织依法执政水平不断提高：基层党建在社会治理中发挥重要作用，基层党的组织力有效提升，党的领导方式能够根据基层需求不断改进；基层政府依法行政水平不断提高，政府的治理理念更新、服务与法治意识强、职业道德素养高，执法程序完善、权责明晰，乡镇与县级政府关系理顺；基层司法公信力增强，做到法律效果与社会效果相统一。基层民主治理完备具体为：基层全过程民主建设与基层民主与时俱进。基层网格化依法治理具体为：网格化合作治理，治理过程中坚持以人为本，促进人的全面发展，符合合法性导向。

（四）基层社会治理手段法治化

我国的社会主要矛盾发生转变，民众利益诉求多样化导致基层治理日益复杂，基层政府单一、传统命令性、强制性的治理手段难以奏效，智能社会的到来，为基层治理带来便利的同时，也必然带来诸多风险挑战，尤其是在基层社会日益复杂的情况下，智能社会所带来的信息技术等的冲击也给基层社会治理法治化带来了诸多挑战。基层治理手段法治化就是要求采用综合治理手段，推进基层治理智慧化建设。综合治理手段要求基层政府从单一的行政手段转变为多种手段治理，综合行政、经济、法律、思想道德、信息与科学技术手段等，加强系统治理、依法治理。同推进基层智慧化建设要求基层实现信息数据共享，网络安全规范加强；培养现代复合型人才，信息技术能力得到提升，既注重日常工作管理，又要及时关注大数据的分析进行研判预测，兼顾应急管理，实现基层社会治理手段的智能化与法治化。

（五）基层社会治理法治环境保障充分

充分的法治环境保障能够为社会提供更良好和谐稳定的发展环境和更宽阔的民众福利空间，保障个人自由发展，推动市场经济繁荣发展。充分的法治环境保障包括健全的法治文化培育与法治宣传教育，完善的法治惠民与法治保障体系。健全的法治文化培育包括基层社会法治化治理的文化底蕴深厚，法治与传统文化交融，文化治理与道德教化作用加强；法治与德治并举，社会主义核心价值观深入人心，法律职业共同体专业素养提升。健全的法治宣传教育包括灵活的普法形式，创新的普法载体与内容，完备的基层普法专业队伍，全民法治观念得到加强，规则至上理念形成。完善的法治惠民与法治保障体系包括基层社会公共法律服务体系、基层社会治安防控体系都建立完备。

二、基层社会治理法治化完善路径

（一）推进基层社会治理规范体系化建设

1. 推进宪法的乡土实施，夯实基层社会治理的宪法基础

规范至上系法治社会的首要基本内涵，而宪法作为"法律的法律"则是关系到法治社会建设的规范依据中的根本性制度，有必要注重宪法在乡土社会的实施，夯实法治社会建设的宪法基础。

第一，基层社会治理要全面以宪法实施为基础。宪法作为保障公民等社会主体私权利、限制立法权、司法权及行政权等在内公权力的国家根本大法，不仅是法治中国中法治国家和法治政府建设强调的依宪治国和依宪行政是根本和基础，同样亦是作为法治中国建设重要组成部分的法治社会建设的基础。因此，基层社会治理各个环节和各个阶段均要严格以宪法实施为基础，做到基层治理"时时依照宪法实施"和"事事依照宪法实施"。一是基层社会治理要以宪法为实施依据。宪法明确规定，包括立法权、司法权及行政权在内

的国家"一切权力"均系人民所享有，为公民及由公民组成的社会组织等社会主体参与包括社会事务管理在内的法治社会建设提供了依据。同时，宪法还赋予公民等社会主体的批评建议权，为限制公权力保障公民等社会主体私权利提供了宪法依据，进而为公民等社会主体参与社会治理提供了广阔的领域和空间。二是基层社会治理要以宪法为动力支撑。基层社会治理要实现法治化，离不开各种动力的支撑，而宪法则从根源上为基层社会法治化治理提供了动力。基层社会法治化建设不同于法治国家、法治政府的建设，并没有强大的、固定的国家公权力作为后盾，而主要借助公民及社会组织等力量予以推进，因此需要强大的动力支撑，才能实现基层法治社会治理的实质建设和基本内涵的做实。三是基层法治社会建设要以宪法为规范基础。关系到基层法治社会建设的社会权力运行和社会关系调整等事项，均需依据符合公平、公正等价值的社会规范与规则加以调配，而宪法则为实现基层社会治理法治化所依据的规范提供了根本性和核心性的基础。宪法亦明确规定，我国全面实施依法治国，这亦作为根本大法为基层法治社会建设提供了根据。宪法还强调，任何法律法规都不得与宪法相抵触，因此基层法治社会治理依据的法律法规及规范性文件甚至乡风民俗等制度，亦应当全面以宪法为依据，不得有违背宪法的情形发生，即使宪法未明文规定的内容，亦应当从宪法限制公权力及保障私权利等精神理念出发推进基层社会法治化治理。

　　第二，基层社会治理要全面推进宪法的乡土实施。要想落实社会法治化治理以宪法为基础，必须将宪法制度及其精神贯彻于包括乡镇农村基层在内的法治社会建设的各领域，切实推进宪法的乡土实施。一是要以中央宣传部、司法部具体部署，大力开展宪法宣传进学校、进社区、进农村和进工厂等活动，提升全体公民及社会组织和国家机关及其工作人员等法治社会治理主体的宪法意识，进而为基层社会治理营造良好的氛围。二是要在推进基层法治社会建设中，突出强调对任何组织及个人不得有违背宪法和法律之特权的贯彻执行，坚决遏制直至杜绝人治和特权对法治社会建设的破坏与阻碍。要结合正反两方面的典型事例，强化对宪法权威的锻造与维系，将宪法作为基层法治社会建设实施的最高行动指南，把宪法精神及核心价值贯彻于法治社会建设始终，有机地将宪法权威树立与维护和基层法治化治理统一起来。三是旨在排斥人治的法治社会，还应当充分保障宪法规定的公民基本权利，特别是与保障公民这一重要社会主体参与基层法治社会建设相关的"平等权""选举权与被选举权""受教育权"和对国家机关及其工作人员的"批评建议权"等权利，不因权力等因素而造成公民权利有"高低贵贱"之分。四是应当将宪法制度及其精神贯穿于推动基层社会治理法治化进程中，进而夯实基层治理法治化的宪法基础，强调与法治社会建设相关的社会治理制度要符合宪法制度及其精神，决不允许存在违背宪法规定的基层社会治理制度及有悖于宪法精神的基层社会治理运作模式，并要积极探索符合新时代要求的中国特色宪法审查制度，切实依照宪法实施基层社会治理。

2. 完善基层社会治理的基础性法律规范，架构科学的规范体系

围绕以人民为中心等在内的基本内涵，全面加强社会治理等方面基础性法律规范的立法，增强基层社会治理法律制度的系统性与针对性，保证法律实施的统一性，为基层社会治理提供坚实的法治保障。

第一，完善社会重要领域立法。一是以公民基本权利维系和国家公权力规范及制约为重点，明确基层治理主体的权力边界，确定基层治理的程序规则，统一行政执法标准，规范权力运行机制，使治理主体在法定范围内充分发挥各自职能；明确基层治理的自治范围，避免基层政府直接领导基层自治组织，干扰基层自治，减少直至消除权力对基层社会事务的不当干涉，推进基层社会治理有序进行。二是强化对基层社会公共安全防控制度的建立完善，特别是要结合各地社会综合治理形势和经验，由各级人大和政府出台适合本地实际的社会公共安全防控配套基础性规范制度，一方面要避免政府部门之间因存在权责规定不清而导致出现"推诿扯皮"情形，无法有效开展关系到公民生命和财产安全等基本权利的社会公共安全防控工作，另一方面还要注重对涉嫌侵犯公民权利、有悖正当程序原则的社会公共安全防控领域的"恶法"进行清理，进而构架科学的规范体系，切实保障人民权益。三是完善包括社会保障等在内的基层民生方面的立法。不断完善民生领域立法，着力构建民生保障体系，确保关系到人民群众住房、养老、医疗等基本生活保障的制度能够平等地落实到每一位公民，让人民享有更舒适的居住条件、更可靠的社会保障、更高超的医疗技术等，不受个别领导人意志的变化而有所差别，减少人治因素对基层民生事项的不当干涉。例如，在各地条件允许及试点成熟的基础上，积极推进城乡居民医疗保险及基本养老保险制度的整合和统一，尽快建立健全全国性的社会保险信息网络系统，加快实现基本医疗保险和基本养老保险在全国范围内实现统筹管理，确保公民不因地域、户籍等差别还无法享受平等的基本保障制度，将基层法治化治理旨在以民为本的基本内涵落地。

第二，与时俱进，准确适用正式法律规范与村规民约。村规民约因其具有本土性特征更易被人接受，拉近人们之间的距离，同时作为正式法律规范的国家法以这些风俗习惯等非正式制度作为铺垫，能够更好地融入基层社会中。立法要以人民为中心，反映人民意志，重视村规民约的建设。健全基层法律法规治理体系，要求正确对待正式法律规范与村规民约的关系，既重视国家法，又重视村规民约等民间法的软法治理方式。村规民约具有良好的群众基础，各地应当结合本地的具体实际情况，在国家法的框架下制定村规民约、居民公约等，减少国家法与民间法的冲突，共同推进基层法治化建设。

（二）推动基层社会治理主体法治化

1. 党委领导是根本，加强基层党组织队伍建设

只有坚持党的领导，才能保证中国特色社会主义制度和治理体系具备强大生命力。在基层社会治理体系建设、体制改革、制度创新等基层社会治理领域各方面，坚持以人为本、与时俱进，从人民的新期待与时代的新要求着手，不断强化党在领导基层社会建设和完善基层社会治理等各方面的能力和水平。

第一，"打铁必须自身硬"，提高基层党组织队伍的整体素质。创新基层党组织领导体制，提升党组织书记队伍的水平，加强党组织书记队伍建设，改善党的领导方式方法，发挥党组织和党员的先锋模范带头作用，加强基层领导干部改革创新、科学治理、化险为夷的能力，提升基层党组织干部依法执政水平，加强基层党组织干部法治观念，完善治理监督机制，落实基层党建责任制，引导社会资源与力量下沉到基层，参与基层社会治理法治化建设过程。以党管干部、党管人才为原则建立人才队伍，为基层社会治理提供强有力的干部保障与人才支撑。

第二，扩大基层党组织覆盖面，将基层党组织建设全面覆盖到民营企业、村居民自治组织、村改居社区、商业街区等，以人民群众喜闻乐见的手段方法增进党和人民群众的血肉联系，增进党群密切友好关系，增强基层党组织在群众中的威信力、凝聚力和政治引领力，努力消除基层党组织的弱化和边缘化问题。

2. 政府主导是关键，加强基层法治政府建设

基层政府处于我国行政管理体制的末端，最直接面向广大人民群众，直接关系到广大人民群众的意志落实与利益实现。建设基层法治政府，是实现基层民主的主要途径，是实现基层社会治理法治化的关键。

第一，制定出台以法律法规为背景的量化标准。加强基层执法队伍的法治建设，由国务院科学确定一个可执行的标准制度，规定基层政府执法队伍的职位和法治专职工作人员的编制，组建一支以法律法规作为内在准绳的执法队伍，从严管理执法队伍。

第二，创新高素质法治人才培养机制。加强和改善法治人才的引进与培养，组建高水平的法治人才培养专家队伍，建立规范化的法治人才培养系统，加强对基层领导干部和执法人员的法治教育培训。对新入职的执法人员进行法治培训，提高其法治素养，尊重宪法与法律权威，自觉以法律规范自己的言行。构建法治人才数据库，提升基层执法队伍的法治化与专业化水平。

3. 社会协同是依托，鼓励支持社会组织发展

社会治理在强调社会权力由公民等社会主体依法独立行使的同时，也注重由公民等组成的行业协会、基层群众性组织等社会组织来代表公民独立行使社会权力和调整社会关系，一方面可以凝聚公民力量，防止单个公民难以对抗强大的公权力，另一方面还能够在降低社会权力行使成本的同时，提升社会权力运行的规范化和专业化水平，防止社会权力被滥用。

社会组织作为补充体制失灵的重要保障，可以发挥市场主体所不具备的功能，是连接政府、社会与公众的桥梁。良好的社会组织有利于加强基层民众之间的沟通，培养基层民众的公共精神，加强不同社会阶层的合作，培育社会资本，强化基层社区联结纽带，为政府失灵情况下的基层社会治理提供有效的保障与制度补充。当前在政社分开与去行政化的大环境导向之下，基层政府通过多种办法如购买服务与政策扶持等发展基层社会组织，使得社会组织在社区养老、亲子教育等方面发挥重要作用。

第一，鼓励支持社会组织发展。明确政府、市场、社会之间的关系，建立职责明确、政社分离、依法自治的社会组织管理体制机制。鼓励社会组织尤其是非营利性公益社会组织发展，充分发动社会组织积极性，建立政府、社会组织、社会大众平等合作与广泛参与伙伴关系，促使社会组织真正成为为群众提服务、为百姓反应诉求的现代社会组织系统。

第二，引导社会组织发展。加强社会组织的培育管理，创新社会组织管理机制，整治其体制与治理结构，减少其发展无序现象，促使其良好发育。政府引导培育一批专业化、法治化的基层社会组织，保证其充分发挥治理作用的同时进行科学的规范与制约，提高社区工作者的能力水平与素质，如发展人民调解组织，选拔聘任法律专业人才担任调解员，同时邀请不同专业知识的人才参与人民调解工作，提高人民调解队伍的能力水平。同时加强与本社区联系，加快城乡社区的服务管理体系，有效发挥基层社区作用，更好地服务基层民众，实现法律效果与社会效果的统一。

4. 公众参与是基础，完善公众参与机制

公民作为社会力量的重要组成一员，不应该是基层社会治理的被动受体，而应是基层治理过程中重要参与主体，在推动基层法治化治理进程中起到作用。基层社会治理也需要社会成员的广泛参与，这也是提高基层政府决策民主性的重要途径。这就要求政府由管理者的身份向参与者转变，将广大人民群众与社会组织吸收进来，进而形成基层社会治理主体的多元化。

鼓励支持社会公众积极参与基层治理，多开展类似"村民说事""民主恳谈会"等民

主协商活动，丰富民主协商形式。充分发动群众广泛参与，健全民主协商制度化渠道，吸收民众参与到基层公共事务的决策中，提高决策质量，带动基层民主政治发展，增强社会活力，保障落实社会大众的知情权、参与权、表达权和监督权，让公众参与基层治理，在参事议事中化解基层矛盾。

（三）促进基层社会治理过程法治化

1. 规范权力运作

第一，提升基层党组织依法执政水平。一是注重发挥基层党建在社会治理中的重要作用，通过党建提升党的政治影响力，贯彻全面从严治党最后一公里。基层党支部要不忘初心、牢记使命，积极进行党员教育、管理、监督和服务等。充分发挥基层党支部政治功能，创新党建工作方式与工作机制，强化组织吸引力和凝聚力，实现党建工作规范化、制度化。杜绝党建和业务工作的两张皮，强化二者协同发展。二是提升基层党的组织力。共产党的历史实践告诉我们要重视组织发展，不断提升组织力。在基层治理中，党的组织力主要体现在党支部建设中。例如，中共清远市的"三个重心下移"策略，支部建在自然村上，不仅实现了农村土地资源整合、农业类资金整合和农业线上线下服务资源整合，同时有效解决了农村生产用地分散、农业发展资金零散以及农业生产服务体系不健全等难题。三是根据基层治理的需求变化不断改进党的领导方式。现代化治理目标的实现，需要党逐步调整创新党组织结构、体制机制以及运作方式，根据新时代社会治理的需求调整党的领导方式，以便更好满足复杂多变的基层社会治理环境需要。与时俱进，加强利用平台机制领导基层社会治理。信息新技术正在逐渐改变人民的生产生活方式，使人们逐渐"依赖"平台技术。当今时代网络平台迅速崛起，大量网络大V、热门博主、演员歌手、网红、带货主播等传媒职业者或自由职业者大量活跃在新经济组织、新社会组织和其他基层组织群体，网络是他们最主要的活动空间。这是中国网络信息化新时代发展的标志，是市场经济、互联网乃至全球化等多维因素共同作用的结果，是中国社会个体发展趋势的重要体现。善用平台机制领导社会治理是新时代对中国共产党的新要求。"平台机制"的发展能够广泛地运用于企业组织、社会组织和政治组织，辅助基层社会治理，例如大数据平台、生产生活平台、共享经济平台等众多平台，可实现多方连接，有利于大规模资源集中和分配，便利社会互动，加快经济发展，提升发展动力。因此，要广泛建立并利用平台机制，加强利用平台机制领导基层社会治理，掌握新技术新方法，建立网络党支部，利用平台机制有效做好群众工作，同时抓住新媒体发展的趋势，顺势而入、因势利导，为各类社会组织搭桥接线，组织到新兴群体，提升社会自主联结能力，全面推进社会治理法治化，让基层社会治理稳定有活力。

第二，提升基层政府依法行政水平。一是更新基层政府社会治理理念，强化政府的服务与法治意识。加强对基层领导干部和执法人员的法治教育培训，提升职业道德素养，以法律规范执法言行，提升执法队伍思想政治素质，从思想上严格确立法律的权威性与有效性，自觉运用法治思维与法治方式处理基层问题，明确职权法定，做到法无授权即禁止，规范执法行为，提升政府公信力。二是完善执法程序，厘清政府职责。首先，完善基层政府职能定位、机构设置、权责分工、运行机制等方面问题。基层政府应当实行大部制改革，改善当前基层政府协调机制不健全的现状，最大限度地减少政府部门职能交叉、推诿扯皮、效率低下等问题。其次，要依据法律以及各基层地区的实际情况来界定部门职能，减少基层政府各部门之间权责失衡、利益寻租等问题，改善重复处罚、管理责任分散、责任定位模糊等局面，提高执法效率，形成执法合力，创造优良的执法环境。再者，厘清基层政府的权力清单与责任清单。"清权、减权、制权、晒权"，把依法享有的权力利用起来、规范起来，把应该负责的责任负起来，落实法无授权不可为，法定职责必须为。再次，强化规则程序。通过正当法律程序规范权力的行使，严格依照法律规定办理案件。把权力关进制度的"笼子"，解决执法恣意与任性，从根源上杜绝讲人情、托关系、滥用权力的现象。最后，完善基层政府信息公开制度。公开作为法治政府公正执法的前提与保障，是建设阳光政府的基本要求。具体而言，规范政务公开工作流程，推进办事服务公开标准化，拓宽政务公开渠道，通过政府门户网站、官方微博微信等线上渠道以及政务公告栏等线下渠道公开信息，线上线下两手抓，共同实现信息的公开透明；完善基层政府行政决策公众参与机制，坚持决策公开，扩大公众参与度，保证群众充分参与本村或社区的各项事宜，提高决策透明度。坚持依法行政与信息公开也是对公民权利的保障，可以有效地减少公民对行政行为的不服与对抗。三是理顺乡镇政府与县级政府的关系，减轻乡镇政府的压力。当前基层县乡政府之间权责分配失调，存在县级政府"权大事少责任轻"而乡级政府"权小事多责任重"等沉疴宿疾。一方面，要深化乡镇行政管理体制改革。乡镇政府作为县级政府的派出机构，赋予其应有的行政管理职能，加强对乡镇政府的"强权扩镇"改革，改变"层层加码施压、层层下卸责任"的乡镇压力体制。另一方面，明确县乡政府的权力与责任，厘清县乡级政府之间的权责分配、职能分工、相互关系等，制定清晰科学合理的权力清单与责任清单，推进乡镇政府权责对等建设。四是完善治理监督与考核评价机制。首先，树立科学的政绩观，要有"为官一任，造福一方"的胸怀与眼界，把人民群众利益时刻放在首位，坚持以人民为中心，摒弃急功近利的思想，改变政府官员只注重眼前局部利益的错误政绩观。其次，完善基层政府法治考核，建立有效的考核评价体系。把依法行政与依法办事水平纳入考核内容，改变以往单一经济指标，增设环境指标、民生指标、人民满意度指标、法治建设指标，建立法治 GDP，细化考核目标，严格督促贯彻落实。再次，推进行政监督与问责机制建设，完善基层治理监督机制。充分重视与利用监督机制，注重拓宽群众监督渠道，加强新闻媒体舆论监督功能，有效发挥政府门户网站、官方微博微信、政府论坛等方式的监督作用，畅通群众举报投诉以及媒体监督渠道，加强社会力量对基层政府权力的制约与监督，重视社会权利对政府权力的制约与监督。一方面，各地政府应推进维护监督渠道的专项工作，配备专门的技术人员保障监督渠道的畅通；另一方面，政府要针对群众举报或投诉的事项作出回应，及时公布处理结果，对媒体提出的监督意见或者建议在作出回应的同时进行公示，对重大问题可通过召开发布会作出回复，增强监督的公开性和透明性。

第三，提升基层司法公信力，增强社会主体的法治信心。司法公正作为基层社会治理的最后一道防线具有极其重要的作用。随着司法体制的改革，司法公开、司法责任制、法官员额制等措施稳步扎实推进，基层治理实现法治化未来可期。一是做实司法的法律效果，确保各社会主体相信法律。司法的法律效果，强调司法机关在执法办案中要严格地依据法律法规，特别是法院的裁判要严格适用现行法律法规，进而确保法律的权威性、确定性和统一性，能够定纷止争，维护社会公平正义，并为人们的行为提供指引作用，同时亦要求不得僵硬地照搬硬套法律，以避免法律因其滞后性等局限而违背其公平正义等价值追求。因此，必须要强化基层法院、检察院等司法机关严格司法办案，守住司法作为法治社会公平正义的最后一道防线。应当以司法体制改革为契机，综合借助法官、检察官员额制及办案终身责任制等配套制度，进一步加强法官、检察官队伍的职业化、专业化和精英化锻造，通过严格而又不失灵活性的司法活动，将法的平等、公正、自由等价值贯穿到现实社会生活之中，进而让包括公民、社会组织等在内的社会主体相信法律，愿意把法律作为解决各类矛盾纠纷的最后一道救济程序及其依据，充分通过司法活动实现法律预期的价值与目标作用，对各社会主体的社会生活产生积极的作用。二是追求司法的社会效果，确保让各社会主体相信司法。包括司法活动在内的法治建设系客观存在的实践活动，而非单纯的主观思想活动。因此，在强化基层司法部门严格适用法律以做实司法的法律效果的同时，还要与注重社会效果相统一。首先，要切实贯彻"谁办案，谁普法"，加强法律文书的释法说理工作，避免当事人及群众因不理解相关法律法规，从而产生误解，发生扰乱法庭秩序甚至故意伤害司法办案人员导致矛盾转化升级，造成恶劣的社会影响。其次，要借助人民检察院案件信息公开网、中国裁判文书网等载体，充分利用互联网+带来的便利条件，强化司法程序及相关法律文件的公开，特别是要逐步实现法院生效判决书和裁定书的全面公开，确保公民等社会主体对司法活动的知情权与监督权，防范因司法不透明而降低其应有的社会效果。再次，要加强对司法部门司法办案活动的全程有效监督。一方面要持续强化检察机关案件管理部门、法院审判监督部门等司法机关内部业务监督管理部门对案件程序性监控和实体性督查，严防因司法裁判不公导致的冤假错案，一方面要以国家监察体制改革为契机，积极探索对检察院、法院行使司法权的外部刚性监督，严查司法人员因玩忽职守或徇私情私利枉法裁判而对社会公平正义的破坏。

2. 加强基层民主化治理，推进基层民主建设

第一，推动基层全过程民主建设。一是拓宽民主选举形式。民主选举是基层自治的基础，基层民众通过选举，选出符合自己心意，能够代表广大群众利益、时刻为人民利益着想的领导干部，这些由民众选举出的领导人能真正对选民们负责，在法律的框架内实现基层社会民众的权益保护将是基层政府行政活动的终极目标，这也是推进基层的民主建设与依法治国的重要路径。基于当地实际情况探索实践"两推一选""竞争承诺"等形式，建立候选人联合资格审查机制，创新基层民主政治实践。二是深化民主决策实践。村居民通过村居民会议、村居民代表大会等组织形式对村居内的事务进行民主决策，根据本地实际情况建立"重大事项决策制度"，将决策全过程全面公开，确保决策透明度。三是加强民主监督，净化基层政治生态。民主监督是权力得以正常运作必要方式，是制约权力，防止公共权力的滥用，维护基层人民群众合法权益，实现基层群众自治的有利保障。健全村（居）务公开制度，建立村居务专门监督委员会，强化村民代表会议的监督功能，追究公开工作落实不力责任，全面落实民众监督权，保障基层工作的透明化。四是创新民主管理方式。民主管理是基层民众参与基层治理的核心内容与关键环节，推出"基层民主恳谈会""基层民主议事员"等多种民主管理方式，根据本村居的实际发展情况制定符合村居发展的村（居）规民约等，使基层治理有章可循。五是建立民主协商机制。社会治理所涉及主体的利益诉求不同，因此构建的基层民主协商机制本质上是以平等协商、沟通交流的方式来解决问题。细化城乡基层民主协商的规则与程序，设立协商议事屋，遵循"众人的事情众人商量着办"原则，改变传统以政府为中心的治理模式，实现"众人的事情众人治理"，同时民主协商机制可以有效提高民主决策的合理性，让社会主体能够直接监督政府部门，真正达到"众人满意"的效果。

第二，推动基层民主与时俱进。一是建立信息化民主参与机制。在信息技术迅速更新变革时代，基层的民主选举、民主决策、民主管理、民主监督、民主协商等方式并未随着信息新技术的进步得到改善。因此，还应当运用新技术手段拓展公众参与民主建设的途径和方式，运用信息化治理方式，提高基层民众参与社会治理的热情。二是基层民主要依法

进行。只有在符合法治要求的前提下，民主建设才是正当的、理性的，才能得到社会的广泛认同，与社会治理更好的融合发展。而法律导向缺失，社会协商则难以发挥实际作用。为此，基层民主建设既需要有社会的广泛参与，还需要有法治保障，才能更好地解决基层治理难题，形成基层治理合力。

3. 推动基层网格化依法治理

第一，加强合作治理。当前，基层网格化治理忽视了基层民众的参与机制建设，出现"存在公民参与和社区多元主体互动缺乏问题""多元主体离散与网格治理资源难以有机整合"等治理困境。一是克服政府中心主义，拓宽公众参与渠道，通过赋权赋能构建多元主体治理新格局，打造合作伙伴的基层治理秩序。二是落实网格化党建，推进网格化治理与基层党建相结合，探索"党建+网格化"治理模式，建立"网格"+"网络"的平台机制。将党建工作纳入网格化治理过程中，就是要以网格需求为导向，开展党员联户工作，由党员联系走访一个网格辖区，将服务延伸到小区、楼栋以及居民家庭，收集意见与需求，及时解决基层社区存在的问题，有效化解基层民众对网格员的不信任，提高网格服务精准化水平。三是降低地域化区分，强化区域信息化一体建设，着力解决"信息孤岛"问题，实现科学技术融合推动共建，信息网络互联互通促进共治，流程优化再造推动共享。

第二，要坚持以人为本，促进人的全面发展。基层网格化治理的核心是人，坚持以人为本、服务为先的新时代执政理念，在如今社会信息技术广泛应用，极大地解放了社会生产力，提高了人民的生活品质，但信息技术的进步也不可避免地带来一定的社会风险，在技术先进的西方国家，他们"正在以机械装置的形式来表现自己。"由此，网格化治理模式一方面虽然提升了基层社会治理水平，但另一方面也随着信息技术的发展使人们的隐私受到威胁，削弱了人文关怀与归属感。因此，网格化治理应当回到治理初衷，坚持以人为本，坚持人的全面自由的发展，以保护人的权利作为最基本的出发点，立足群众需求。

第三，符合合法性治理。"所有的国家行为都要符合法律的要求"。基层网格化治理要坚持法治化取向，建立负面清单等规范制度，保证程序正当性，制约与监督权力行使，防止权力扩张与滥用，即便是出于良善的目的，也不能以违法的方式进行。只有符合合法性导向，基层网格化治理才能真正发挥有效作用，促进城乡社区和谐与社会公平正义。

（四）完善基层社会治理手段法治化

1. 综合治理手段

我国的社会主要矛盾发生转变，民众利益诉求多样化导致基层治理日益复杂，基层政府单一的治理手段难以奏效，因此基层社会治理迫切需要更新治理手段，优化提升社会治理模式，从管理压制转变为服务与治理。

治理方式与时俱进，充分利用线上线下平台。线下治理平台不能一味地"堵"，要摒弃粗暴、压制的治理手段，要懂得"疏"，要以服务人民、保护人民利益为遵循，加强民主协商，畅通民众诉求表达机制，刚柔并济。同时要做好线上平台建设。当今社会是互联网与大数据时代，基层政府应当做好数据的引导工作，加强数据治理，注重数据的前瞻性，建立统一的数据信息共享平台，推进"互联网+法治化治理"行动，整合资源，实现各部门之间信息的互通互享，提高监管效率，实现公共服务便捷化、基层社会治理的精细化与现代化。在与民众息息相关的教育、医疗、卫生、住房等诸多领域，善于运用多种手段进行社会治理，综合行政手段、经济手段、法律手段、信息技术、科学技术手段、思想道德教育手段等，加强系统治理、依法治理，既要注重日常工作管理，又要及时关注大数据的分析进行研判预测，兼顾应急管理。

2. 推进基层治理智慧化建设

第一，促进基层实现信息数据共享，加强网络安全规范。以信息化建设促进治理能力现代化，打破信息壁垒，构建信息数据互联互通的治理体系，实现政务信息跨地域、跨部门共享。针对基层地区的信息技术基础设施建设薄弱，加强信息技术创新，加快普及最新光纤传输网络系统，推动基层政务部门数据库建设，便利基层民众办事，实现基层智慧化政务建设。加强信息数据共享，规范网络安全。加快政府跨部门信息交换建设，增进政府、企业组织、民众之间的互动合作，增进基层民众对信息数据的信任程度；建立奖惩与监督机制，对于信息数据开放程度不同的政府予以不同的对待，加强民众对政府的监督，减少治理过程中的不作为与乱作为问题；制定信息安全规范，落实个人信息保护政策，保障公民的隐私权；吸收借鉴国外先进技术与经验，提高基层信息技术自主研发能力与数据共享程度；制定社会治理领域方面的数据信息技术行业规范，健全社会治理的规则体系。

第二，加强信息技术培训，培养现代复合型人才。加强基层政务人员信息技术培训，熟练掌握互联网有关知识与技能，提升其信息技术运用能力，培养其利用现代化技术手段与现代化思维解决基层实际问题的能力；掌握大数据预测技术，推动基层治理智能化、数字化发展；促进政府、企业组织、民众的有机结合，更好地运用大数据、互联网等工具为基层民众服务，提高政府治理能力与水平。

（五）强化基层社会治理法治环境保障

1．注重基层社会法治文化培育

第一，弘扬社会主义法治文化，厚实基层社会法治化治理的文化底蕴。一是激活基层内在力量，促进法治与传统文化的交融。基层法治建设必须与基层社会环境相适用，借助基层内生力量构建法治下乡与基层社会传统文化的有效融合，消解基层社会的排斥与民众的质疑，促进现代法治与基层文化、村民自治的有机结合，为法治下乡，融合传统文化创设条件。二是发挥文化治理与道德教化作用，引入优秀中国传统文化。各地区积极发掘优秀传统文化，通过表彰典型、惩戒反例，开展基层道德教育，引导基层群众讲道德、守道德，将道德内化于心，外化于形，提升道德水平，优化社会风气。

第二，坚持德治与法治并举，促进公民等社会主体内心拥护与真诚信仰法治。一是要结合各地创建文明城市等过程中的社会主义核心价值观培育工作，充分利用各类媒体，强化面向社会公众开展的法治、民主、公平等价值元素的宣传，在社会层面广泛形成崇德尚法的浓厚氛围，促进各社会主体初步提升法治意识和养成法治思维方式。二是要以国家法律职业资格制度改革为契机，提升行政执法人员、法官、检察官、公证员及执业律师等法律职业共同体的专业素养，由法律职业共同体形成共同的"法治信仰"，进而带动各社会主体逐步形成法治信仰。一方面能够为严格执法司法夯实人才基础，一方面还能够发挥法律职业共同体模范遵守法律法规的示范作用，全面带动各社会主体自觉学法、守法。三是引导、支持村（居）委会及工会等基层群众性组织实现对涉及自身利益的社会事务的自我民主管理，促进村民、社区居民及职工等社会主体充分行使公民权利，并通过人民调解委员会、工会调解委员会等社会组织高效、低成本地解决社会成员间的矛盾纠纷，进而逐渐养成严格依法办事的习惯，最终从内心深处拥护法治和真诚地信仰法治。

2．创新法治宣传教育

第一，灵活普法形式，加强法治教育培训。基层的普法宣传教育应当"入乡随俗、因材施教"，充分结合基层各地区的地方特色，根据基层的实际情况与现实问题，有针对性地向基层群众进行普法宣传，灵活普法形式，减少走过场的无效普法。一是建立基层普法专业队伍，组建法律知识丰富、法治素养较高的专业团队，建立以政府为主导的多元普法主体机制。政府有关部门应当根据自身职责积极开展普法宣传，确立"谁执法谁普法"的原则，健全普法责任制。充分利用各基层的图书馆、法治学校等资源，鼓励社会组织、媒体新闻积极参与宣传法治建设，拓展新闻媒体、微信、门户网站等普法渠道，创新普法载体，共同推进我国基层社会的法治进步。二是增强全民法治观念。开展民法典普法工作，重点针对涉及农村基层群众权益的相关法律进行普及，让基层群众全面认识法律，自觉尊重宪法和法律权威，了解法律既具有惩罚犯罪还具有保障公民合法权利的作用，学会运用法律武器维护自己的合法权利，引导基层群众形成知法守法的良好习惯。

第二，牢固树立并贯彻规则至上的理念，推动各社会主体切实恪守规则。一是以排斥人治为重要目标和规范至上为基本内涵的基层社会治理，要注重规则至上这一重要理念与思维方式，确保在基层社会治理过程中"事事依照规则"和"时时依照规则"，严格按照经过正当程序制定的法律法规及规范性文件办事，强调党委、政府等公权力主体带头遵守法律法规，进而带动公民、社会组织等各社会主体亦恪守规则并积极参与基层社会治理。二是在基层社会治理过程中，要严格划清立法权、行政权及司法权等国家公权力与公民私权利及其组成的社会组织的社会权力间的边界，一方面要求公权力既不得超越权力边界滥用，亦不得违背法律规定或法治精神而出现"推诿扯皮"等怠于履行职责的情形，一方面亦要求公民私权利及社会组织的社会权力行使亦不得超出必要的限度，以免侵犯其他公民权利或者破坏社会秩序及公众利益。此外，为了确保基层社会治理过程中，各社会主体能够依照规则自主行使社会权力来化解社会矛盾纠纷及实现社会生活有序进行，亦需要注重行政权及司法权对社会权的兜底性制约与监督作用，防止公民等社会主体滥用社会自治权力而对法治及公民权利的破坏，避免基层法治化治理陷入"新的人治"之局限。

3. 加强法治惠民与法治保障

第一，完善基层社会公共法律服务体系。当前法治下乡活动与基层传统文化尚存在冲突，直接向基层输入的公共法律服务难以取得基层民众的认可。在此背景下，法治下乡要入乡随俗，基层公共法律服务体系建设应当借助"新乡贤"等内生力量来连接基层城乡社会，其既熟悉当地的风土民情，又掌握法律规定，充当法治与基层社会的连接桥梁。因此，将这些力量纳入基层公共法律服务体系的建设，并对其进行法治建设与道德教化培训，为公共法律服务体系进入基层创造条件，实现基层法治与德治的有效结合。一是加强主体互动，明确责任主体。明确基层各主体的权利义务关系与主体责任。政府、社区以及法律服务组织以签订三方协议的形式，明晰各主体之间的权利义务关系，确定共同的目标，加强互动建设，形成治理合力。加强各主体互动，提高服务效率。具体可以分为线下与线上互动。线下建立服务互动平台，主要进行法律服务方案提出与解答、项目开展等内容。线上则借助互联网平台机制，利用微博、微信小程序、APP 等渠道建设公共法律服务互动中心，落实基层公共法律服务组织、政府的法律服务及时通报情况以及民众意见诉求的及时表达。二是建立专业法律服务队伍，提升基层法律服务水平。首先，建立队伍。基层政府通过购买服务建设律师、法律服务工作者、高校法学院教授等专业法律人才组成基层公共法律服务团队，为基层民众提供公正、普惠、高效的法律服务。同时建立人才激励机制，解决基层法律服务人员不足问题。其次，提供服务。完善村居便民法律服务机制，及时为村居民提供法律建议与帮助，了解社情民意，解决民生诉求。对于基层出现的大量的矛盾纠纷，寻找其存在的共性，梳理其存在的法律风险，提前掌握并应对可能出现的群体矛盾纠纷；加强基层法律援助建设，合理配置各地区资源，为经济困难的弱势群体提供法律服务，维护基层社会的和谐与稳定。再次，加强保障。加强基层人员待遇保障，包括人员编制、薪资水平、晋升机制等，推动公共法律服务队伍专业化、稳定化；加强公共法律服务的财政保障，经费纳入财政计划，并且通过立法形式加以规范；强化公共法务服务制度保障，加强机制建设，保障公共法律服务规范化。

第二，健全基层社会治安防控体系。一是注重多元主体融合共建。一方面，确立社会治安防控指挥中心，加强各级部门的统一指导，选派优秀干部担任基层治安防控工作指导员，确立"人才到基层去、到一线去"的用人导向，完善基层民警考评与晋升机制，规范辅警工作，提升基层警员待遇。派出所作为基层社会治安防控的主力军，增加派出所警力，强化装备配置，制定完善的责任机制，将工作责任落实到具体单位与具体的人。另一方面，加强与行业部门的合作治理，如与媒体合作加强宣传，与金融机构合作预防诈骗等，填补政府与市场"管不到"的空白；打造警营文化综合体，吸收"义警""治安积极分子""平安志愿者"等社会主体协助警方做好基层治安防控工作；建设警务广场，开展警民恳谈会，主动向人民报告工作，采集民情，交流民意；开展"见义勇为"等道德模范评选活动，并设立专项奖励基金，以评促建。二是打造智慧治安防控新格局，建设智慧公安防控体系。一方面，结合建设"智慧城市"，整合社会资源信息，利用高新技术手段，提高信息数据采集、整合与应用能力，提升信息化利用水平，构建立体化基层智慧防控体系。另一方面，加强人工智能技术应用，在精准打击犯罪、路面监控与封控、重大风险防御等方面积极探索，扩大城乡基层重点公共区域、重点行业监控覆盖率，加强警种之间信息数据互联互通，为"智慧公安"建设提供强有力的支撑。

第八章 "互联网+"政务基层新实践与领导思维转变

第一节 互联网+"政务基层新实践

一、互联网发展对政务管理的影响

20世纪90年代互联网进入我国普通家庭以后，由于其成本的低廉性和技术的开放性，互联网迅速成为人们传播信息、获取信息、表达意见、交流看法的重要手段，甚至是主要手段，互联网成为各种信息和舆论的集散地。

（一）互联网成为政府形象拓展与延伸的重要途径

任何技术都倾向于创造一个新的人类环境。一种新媒介的出现，必然会在社会中产生新的行为标准和方式，这种新的环境又必然影响着人们的生活和思维方式。对于各级政府来说，网络已经成为形象树立、与民沟通的重要途径，各级政府打造网络形象是十分必要的。但是，政府对网络的应用却是一把"双刃剑"。利用好宣传手段，它可以成为政府形象打造的有效途径；对网络利用不好，就会直接影响政府的形象建设。推动政府信息公开，有助于形成积极向上的主流舆论，其本身就是掌握舆论主导权的重要体现。政府应进一步建立健全新闻发言人制度，完善政府网站建设，让政府网站真正发挥沟通社情民意的作用，而不是仅仅流于形式。充分发挥主流新闻媒体的作用，及时、准确地澄清事实真相，最大限度地满足公众的知情权和参与权，及时接受处理信息，听取来自社会各阶层的建议和意见，使民众更多、更全面地了解政府工作，可以使政府受到公众的监督，提高政府工作的透明度，树立透明政府形象。

1. 普通公民获得了新闻参与能力

恩斯特·卡西尔（Ernst Cassirer）认为人是"符号的动物"，符号化的思维和符号化的行为，是人类生活中最富于代表性的特征。任何表达主体在网络空间数字化、符号化、虚拟化的存在方式，都可以使他们摆脱现实的束缚，自由自在地在不同的网络角色中变换穿梭，不断尝试新的自我。互联网改变了传统媒体的传播方式，改变了以往由"少数人"支配垄断社会话语权力的现象，普通公民获得了参与新闻传播的能力。互联网为公民提供了虚拟的政治民主空间，为公众网上参与政治提供了途径，公民可以摆脱身份、文化等因素的制约，更加自由平等地获取信息，交流意见。这种借助手中的互联网生产信息表达意见、发布新闻的行为叫作公民制作新闻。"公民新闻"时代，政府的形象成为新闻焦点。

2. 互联网对政府形象的影响力巨大

政府网络形象是指政府的理念与行为在网络上得以宣传，并在宣传过程中受到社会公众或网民的热烈讨论关注，进而形成的社会公众对政府理念与行为的评价。网络媒体传播具有"染缸效应"，新闻一旦出现在网络中就像滴入水中的墨汁快速扩散。这一特点决定了政府形象危机事件一旦发生，负面新闻报道就会在网络上被广泛迅速传播，损害政府形象。互联网更能发挥树立政府正能量形象的作用，引起全社会的共鸣，集聚万众一心、众志成城的斗志。

（二）互联网对政府决策提出新要求

互联网信息和舆论冲击着传统的政府决策环境，决策的信息和利益诉求越来越复杂多样，使得决策的难度加大。互联网的发展，给予政府决策的时间越来越短，网络舆论形成的外部压力越来越大，要求政府决策由经验决策向民主科学决策转变，由精英决策和领导决策向大众和平民参与决策转变，由依靠单一手段向依靠综合立体手段转变。

1. 对政府决策的敏锐性提出了新要求

政府官员要善于关注互联网，从互联网上捕捉民情民意，倾听老百姓的心声，听取他们对政府工作的评价，发现需要解决的重点、难点和热点问题。互联网信息林林总总，互联网舆论纷繁复杂，政府官员要培养政策的敏锐性，善于从中找到需要决策解决的问题。官员不能对互联网民意充耳不闻，对于互联网信息视而不见。

2. 对政府决策的参与性提出了新要求

政府决策的参与性是民主决策的本质要求和体现，民主决策在一定程度上可以促进科学决策，提高决策的科学性。涉及老百姓切身利益的重大决策事项需要充分听取群众的意见，实行民主决策；而对于专业性很强的决策事项，则需要在一定范围内听取专家和有一定专业知识的群众代表的意见。一般来说，只有经过群众参与讨论和发表意见，充分听取各方群众观点的决策，群众才会从内心认可，政策的落实才会顺利。互联网上各种职业、身份和背景的网民的存在，使得无论哪种政府决策，网民们都会有话可说。因此，除非特殊要求，一般政府决策都应该在网络上公开征求意见。

3. 对政府决策的回应性提出了新要求

政府决策有时并不是一次完成的，它需要在实践中检验、修正和完善。即使原来是正确的决策，随着环境和条件的变化，决策也需要随之调整。政府政策的实施情况会不断通过互联网这个渠道和平台反映出来，政府官员应对此保持足够的敏锐性，及时发现变化的情况和互联网上的意见，分析网民对于政策环境、政策目标和政策措施的评论，及时回应互联网舆论的要求。有些网民对政府决策有意见，可能是信息不对称造成的误解，需要政府官员通过互联网做出解释和说明，做好沟通说服工作。

（三）互联网环境下监督方式的转变

互联网已经成为各级领导干部展示公众形象的舞台，各级政府及其干部在网民心中形象如何，网上都有记录，互联网已经成为对各级政府机关和各级领导干部发挥舆论监督作用最大最好的平台。

1. 监督的门槛降低

互联网让"人人都有话语权、个个都是监督者"，使得网民参与舆论监督的"门槛"大大降低，意见表达变得极为简便。进入社会转型期，我国的社会矛盾不论是数量还是激烈程度都迅速增长。在群众的维权意识提高的今天，公民可以说会通过身边所有的途径来维权。随着互联网的普及，公民对于政府行为或者社会矛盾的诉求顺其自然地又延伸到互联网上。我国的网民人数众多，互联网监督有着广泛的群众基础，互联网言论往往代表着广泛的民意。领导干部接受互联网监督，就是接受无数双眼睛的监督，接受广大人民群众的监督。这种监督更直接、更彻底、更真实、更尖锐、更加不留情面，因而这种监督是非常有效的监督。

2. 监督的话语力量增强

以前的监督方式不论是哪一种都只能在一定区域范围内引起共鸣与反响，传统的监督方式，政府也比较容易管控，但是一旦将质疑的声音放到互联网上，形成席卷大地的监督力量，就足以让政府相关部门高度重视。与传统监督方式相比，网络监督在力度、强烈感、共情性和成本方面都大大优于传统监督方式。中国网民人数众多，随着民主政治意识的增强，群众网上监督的热情节节升高，互联网成为群众监督的"天网"，同时也成为政情民意吐槽的空间。

3. 监督的效果较为显著

传统的群众监督方式，要经过一层一层的金字塔行政权力的传输与消解，真正到达核心层的信息无论是量还是质都有可能走样。在传统监督方式下，各部门遇到困难与矛盾，出于部门利益的考虑，容易让问题在部门间流转，耽误了处理纠纷矛盾的最佳时机。互联网环境下，虽然信息的真实性有时会受到质疑，民众的情绪也容易激化，但是信息传播的速度更快、覆盖面极大，对于行政部门的督促作用显著。

二、完善中国互联网政务的途径

"互联网+政府"，从治理的工具手段层面上看，标志着以移动互联网、大数据、云计算、物联网等为核心的现代信息技术及其产品在政府领域的广泛采用和深度应用，显示出传统的治理模式已不能适应信息社会的复杂性，需要建立一种更为弹性、灵活的治理模式；从治理的方式方法层面上看，意味着对传统政府治理方式方法的创新性改变；从治理的模式层面上看，意味着行政权力分权化，治理主体多元化、多中心化，治理模式转向网络化，形成网络化的治理结构；从治理的能力层面上看，意味着对政府决策能力、执行能力、行政能力等要求的革命性变化，尤其是在技术能力要求方面，意味着对政府采集、挖掘、分析、清洗、整合、利用数据的技术能力的革命性要求。而先进工具手段的利用、方式方法的改变和模式能力要求的变化，都需要信息技术及网络等信息基础设施提供支持，以支撑起适应"互联网+"生态环境的现代化政府治理体系。可见，政府只能迎接并拥抱"互联网+"，不可能回避和拒绝它。

互联网政务发展的6个原则：第一，要有发展战略。确定电子政务的发展目标、原则和方向。第二，要有发展规划。要把重大任务予以明确，找出实现目标的困难和解决的措施。第三，要有建设计划。不仅要有年度计划和项目计划，还要建立一套评价和实施的指标体系，来规划和监督计划的实施。第四，要有实践标杆。发展方向是抽象的，如何实现是关键，从国际到国内，电子政务建设有很多成功案例，需要将这些成功案例做好总结，从具体的行动决策和技术架构总结为有普遍规律性、理论性、操作性的实践参考。第五，要有复合型人才。电子政务的持续发展需要高端的复合型人才，人才的积累需要一个可持续发展过程，未来要以 CIO（chief information official，首席信息官）制度为基础，推动人才的可持续发展。第六，要有集中统一的制度保障。集中统一是电子政务发展的基本原则，在实际实施的过程中，贯彻落实是难题，电子政务发展较好的地区和部门，很重要的就是做到了集中统一，所以集中统一的制度保障十分重要。从技术的角度看，要以 CIO 制度为基础。从管理的角度看，要以建设资金的统一管理和分配为核心。过去电子政务建设是工程项目投资的模式，这个模式在发展初期发挥了重要作用，但在电子政务发展到更高阶段的时候，已不再适合电子政务发展的需要和规律。

（一）加快基层政府数据航母建设

随着信息革命的发展和电子政府的提出，不可避免地受到信息技术应用和电子政务建设的深刻影响，这就使公共管理者必须深入思考和利用电子政务与政府职能转变之间的融合互动问题，而其前提是对有关两者之间的逻辑关联的追问做出回答。网上政务服务虽然增量可观，但是仍需持续强化，仍需创造平台服务新模式，创新公共服务新方式，推动数据服务新范式，构建平台服务新形式。

1. 加大互联网办公软、硬件投入

"工欲善其事，必先利其器"。"报纸、茶杯、钢笔"作为办公物品的时代，早已走出人们的视线，随之而来的互联网时代要求现代化办公环境。基层政府部门的干部受思想意识、财政条件等因素影响，依然过着"一张报纸一包烟，悠哉一天是一天"的生活，他们的办公硬件非常"原始"，常以"书法家"自居，与互联网时代格格不入。计算机、互联网等这些都是现代科技的体现，能节约人们的宝贵时间，大大提高人们的办事效率。再穷不能少电脑，应该成为基层政府现代办公的基本共识，基层政府主要领导干部要挤出有限的财力，让计算机、互联网这些现代化元素有力地充实到基层干部中去，大力改善办公环境，提高基层干部的办公效率。

互联网大潮已经冲向广大农村地区，它的影响是深远而广泛的，顶层的互联网战略已经迫切要求基层政府加强信息化队伍建设。然而，当前基层干部老龄化、思想僵化等因素，对迎接互联网时代产生重要挑战。信息化队伍建设过程中，一方面，上级政府要加大年轻干部的培养力度，着力改善干部结构，让部分有现代思维的年轻干部走上领导岗位，让有互联网思维的人才能在基层生根发芽。另一方面，要加大中老年干部的培训力度，强化办公自动化的实际操作，让部分老干部能用计算机完成基本公务处理，循序渐进引导老干部走进互联网世界。网络民意势不可挡，基层政府要以开放姿态迎接互联网时代。暴力拆迁、大月份引产以及令人担忧的农体群体性事件等信息，走进互联网视线，一再挑动广大网友的神经。"天网恢恢，疏而不漏"，当负面新闻走进网络，一些基层政府和部分干部才开始"发慌"，才真正地认识到互联网的强大，并开始重视身边的网络。

2. 整合政务数据，提高行政办事效能

目前，中央政府正在深入推进简政放权改革的实施。简政放权目的：第一，着力提升

政府效能，提高政府行政效率与公共服务水平。第二，加强和改进市场监管，增强政府服务和监管的有效性，简政放权、行政权力下放不等于不管理不控制。互联网环境下，政府履行职责，不管是公共服务，还是社会管理，都需要掌握更多的数据信息。信息技术为政府掌握更多信息，从而更好履行职责创造了条件。社会公众对信息技术的利用能力在大幅提升，公民希望通过互联网提高办事效能，透明办事环节，节约办事成本，不再为"盖章"跑腿求人，看人脸色，实现办事"零障碍"。

在互联网规划下，互联网政务迎来了新一轮的发展机遇。浪潮集团高级副总裁王洪添在主题为"互联网+时代的智慧政府建设"的演讲中指出，"政府信息化建设正在从以业务建设为重点，向为决策者提供数据支撑和满足社会公众个性化的需求转变，这就要求政府信息化建设从以应用为中心到以数据为中心转变，以'互联网+大数据'打造智慧政府，提升科学管理能力，并利用大众的智慧提升政务服务水平"。

步入新时代以来，原有的政府各部门独立办事、以部门为单位解决问题的公共行政管理模式，已经无法应对当前发展挑战和满足公众需求。信息通信技术具有开放、共享、去中介化的意向结构，非常适合运用于构建整体政府和加强协同治理。"互联网+政务服务"从社会引入互联网技术、思维、资源，打破政府趋于稳定、保守的格局，并利用社会公众与政务服务的互动倒逼行政体制改革，实现政府随着社会大环境的变化而相应地调整改变和完善，加速现代智慧政府建设。

3. 集中公众智慧实现互联网政务革新

"高手在民间"，互联网政务虽说主要是政府的责任，但是群众的力量与智慧的参与才是其不断进步的源动力。在政府开放数据的基础上，软件开发者可以通过众包开发、APP设计等新模式，实现应用创新，从而带动更多社会力量参与到社会公共服务中来。

（二）利用政务微信把握舆论导向

1. 党政宣传阵地的巩固与建设

马克思早在批驳沙培尔指责《莱茵报》报道失实之时就曾经提出了"大众传播媒介的传播"是"有机的报纸运动"这一著名的传播思想规律。社交网络的快速发展给互联网建设和运用带来了新的重要机遇，为放大正面声音、回应社会关切、服务人民群众提供了新平台，同时也给开展舆论引导、规范网络传播秩序带来了新挑战。

2. 提供个性化的公共服务

微信相对于微博，其最大特点是沟通方式的变革带来了更好的互动性。微博信息是一种"放射性"传递，信息海量、传播面广、传播速度极快；但无效信息多，另外要遵循用户阅读的时间规律，不少内容很难让用户看见。而微信遵循信息的"一对一"直线传递，更有针对性，更精准有效，信息传达率高。如果说微博更偏向公开发布信息的媒体性质，那么微信则更偏向封闭式交流的沟通性质，在内容展示上并无优势，但胜在沟通的深度和渗透率。政务为微信注重"品质"可以从微信内容"个性化""原创性"等方面入手。微信本身的信息订制、推送特性，要求政务微信内容更加"精致化"。在运行过程中对本地用户的关注点与偏好要有所汇总。政务微信可以把用户分类，然后把信息定点投放给感兴趣的微友。

3. 第一时间把握民意动向

政务微信也具有公共资源的属性，以群众满意为落脚点，重视政务微信作为沟通渠道的作用，设置专门人员负责微信公众号的更新与维护，第一时间通过微信公众平台向群众公开热点事件和政策信息，及时了解群众的所需所求所盼，并快速做出反应和回复。唯有如此，政务微信的作用才能得到充分发挥，才能建立起倾听群众呼声、畅通民意渠道的工作机制，促进作风建设的常态化。

（三）利用互联网平台破解公共服务供需矛盾

随着互联网的渗透和普及，我国政府提出，要加快推进"互联网+公共服务"，运用大数据等现代信息技术，强化部门协同联动，打破信息孤岛，推动信息互联互通、开放共享，提升公共服务整体效能。推动实体政务大厅向网上办事大厅延伸，凡具备网上办理条件的事项，都要推广实行网上受理、网上办理、网上反馈，实现办理进度和办理结果网上实时查询；暂不具备网上办理条件的事项，要通过多种方式提供全程在线咨询服务，及时解答申请人疑问。逐步构建实体政务大厅、网上办事大厅、移动客户端、自助终端等多种形式相结合、相统一的公共服务平台，为群众提供方便快捷的多样化服务。

1. 政府公共服务平台的意义与建设关键

第一个方面是加快服务融合，盘活现有存量资源，实现跨部门、跨层级、跨区域的业务资源整合，提升信息惠民的服务能力和水平。第二个方面是激活传统业务，使之互联化、移动化、融合化发展，增加专业化公共服务的有效供给，降低创新创业的成本与风险。第三个方面是强化市场带动，加快建设统一的公共服务资源中心，加大政府和企业信息化服务采购力度，扩大信息消费，催生新产业形态。第四个方面是促进平台开放，进一步提高创新资源的使用效率，为社会提供良好的资源共享空间，政府与社会一起共建创新创业中心。政府公共服务平台建设的六个关键点：第一，要以"互联网+"为驱动力；第二，要以跨部门、跨层级、跨区域的资源融合为核心；第三，要以惠民应用为着力点；第四，要以开放创新为支撑；第五，要以新兴产业和创客为培育点；第六，要以建立服务运营体系为保障。

2. 政府利用互联网提供公共服务的实践与创新

互联网与公共服务的结合，成为"互联网+"的一项重要内容，也是公共服务创新的重要平台和"抓手"。互联网在公共服务领域的蓬勃兴起，为破解公共服务的供需矛盾、提升服务质量提供了有效的解决方案。通过互联网，人们可以方便地获得在线教育、在线医疗、在线订火车票、打车服务等公共服务，大大节约了时间和成本。在基层实践中，互联网政府的创新应用在特殊的节日进行了一场全国性的爱国主义教育活动。

3. 微政治下民众利益无小事

群众利益需求即使很小，在互联网上都有可能被放大，任何人的举手之劳都可能成为政府的帮手，政府对民生的回应即使微不足道，也会让民众获得幸福感。

微博打拐等在新一代的互联网上具有标志性的意义。在一个动态的时空中，我们便可以观察到围绕在这些微博周围的公安干警、志愿者、慈善机构、社会名流和广大网民等各种社会主体的积极行动。

（四）加强政府网站与民众的互动性

在互联网时代，我国在利用网络创新社会管理方面取得了巨大的进步，各地结合实际推出了形式多样、内容丰富的电子政务平台，便捷沟通、清新表达、贴近群众，收到良好的社会反响。在互联网规划发展的情势下，各地政府要紧跟国家政策脚步，用好政府网站。

1. 紧跟新媒体，有效地联系群众

交互性较强的社会化媒体特征之一即是能有效联系人群，其构建关系的关键在于"紧密联系"。每位用户既是信息"实时"接收者，也是信息来源，而"大家告诉大家"的几何传播速度，可以使信息在短时间内得到大范围的传播。在政府感到新媒体传播信息速度快、数量大的压力的同时，也可以充分运用新媒体技术主动出击，联系群众，主动引领新媒体舆论阵地。对于主流媒体而言，知行合一很重要。全心全意为人民服务是党的根本宗旨。政府媒体如何服务人民，汇聚人心，这就要求新媒体在报道中要顺民意、解民忧，报道好人民群众关心的问题，维护好人民群众的切身利益。新媒体要紧扣民心这个最大的政

治，把赢得民心民意、汇集民智民力作为重要着力点。

2. 建立互联网政府的回应机制

政府回应作为行政管理中的重要价值诉求，一直备受群众关注。在新的社会生态下，如何适应网络时代的治理环境，及时回应民众的诉求，对现代政府的治理能力提出了严峻的挑战。在适应和应对网络舆情的过程中，许多地方政府纷纷建立起各种形式的回应制度，如网络发言人制度、回应热线平台、专家咨询制度等，但是政府网上回应的质量问题仍然困扰群众。网络平台拓宽了民众直接参与政治的途径，增强了民众在公共决策中的影响力。而传统的管制理念和官僚作风，已经难以继续获得民众的支持和认同，这就需要政府转变治理模式，真正做到以民众利益为导向，积极回应民众诉求，满足民众需求。虽然我们已经认识到网民群体的重要性，各级政府也不断强调要尊重民意，顺应民意，但是政府回应与民众期盼总是做不到无缝对接，无论是在统治行政模式还是管理行政模式中，政府承诺并不必然是可置信的。在现有的制度环境、认知水平和技术条件下，政府回应制度的建设仍然是提高政府回应水平的有效路径。如何依托互联网技术，改进和优化政府回应制度，仍然是网络时代国家治理的重要任务。

3. 尽快建立互联网政府的规章制度

互联网政务发展需要法律保驾护航。世界主要发达国家先后出台了一系列促进电子政务发展和应用的相关法律、规定。目前，我国只是由行政机关对互联网管理出台了一些行政法规，这将在一定程度上不利于我国电子政务的发展。因此，要尽快制定和完善有关法律、法规，促进电子政务的顺利发展，从而有利于经济社会健康、全面发展。

当前，将网络监督纳入法治化、制度化轨道是网络反腐健康化的保障。针对当前严峻的反腐败形势，更需要通过顶层设计，将网络监督纳入法治化、制度化轨道。要通过完善网络监督的相关法律法规，处理好知情权与隐私权、合理监督与造谣诽谤、言论自由与人身攻击等诸多关系，实现网络监督的规范化，使正常开展监督者不必担心遭到打击报复，使散布虚假信息者受到应有惩处。一是确定政府在网络监管中的权力界限，使政府更好地尊重和保护好公民的网络监督权；二是规范网络举报和网络监督行为，明确网民网络言行的法律行为准则，确定网络媒体的责任；三是设立专门机构处理网络监督，规范网络举报信息的收集、处理和管理程序；四是建立举报人保护制度，确保被举报人的人身安全和合法权益得到充分保障；五是完善网络反腐的处理与反馈机制，启动必要的责任追究制度，确定时限办结，并按期反馈等。

（五）智慧城市需要智慧政府

"智慧政务"主要依托物联网、互联网、大数据以及云计算等现代信息技术，将政务信息高效处置机制引入到公共部门治理流程中来，其最大的特点就是公共部门可运用现代信息技术，突破时间空间和部门信息分割的约束，实现公共部门组织结构和操作流程的重组优化，进而全方位、不限时地向公众提供高质量、严规范、全透明的管理服务，实现对传统管理体制和方式的深层次变革。

1. 提高公共治理效能

实现国家治理体系和治理能力现代化的关键问题是如何提升公共部门管理现代化水平，这就需要国家治理者善于运用各种方法，将社会制度优势转化为公共治理效能。无论住房、医疗还是教育，在新加坡都是用数据说话。在新加坡租房、买房、入学、看病，根本不需要提供一大堆证件证明，老百姓都不用做任何事情，只要报一个身份证号码就可以了，因为政府早就建好了一个城市管理的大数据系统。

2. 实现政府对城市的智慧管理

目前与智慧管理相关的大数据来源主要包括由遍布全市的摄像头收集的视频影像，由各类传感器收集的环境等方面的信息，由各类终端收集的刷卡信息，由市民通过手机应用或社交网站贡献的相关信息等。基于互联网的电子政务应用与公共管理创新改革相结合，将政府必需的审批、核准、备案、证明等履职行为集中在统一的互联网平台上，通过平台实现企业和个人的在线申请、政府的在线办理，提高政府公共管理的效率和质量；利用互联网大数据和云计算技术，依托公民、单位和建筑物的全国唯一代码，依法归集利用相应信息，加强公共管理能力，提高国家治理水平，打造"智慧政府""智慧城市""智慧中国"。

3. 智慧政府是智慧生活的保障

通过信息技术手段，建设数字化、智能化政府是贯彻和落实国家信息化发展战略，提升政府执政能力，构建和谐社会的重要举措。政府机关要转变职能、转变工作方式、转变工作作风，进一步提高工作质量和效率，建立办事高效、运转协调、行为规范的行政管理体制。数字化、智能化建设已然成为服务型政府建设的重要环节。智能化公共服务平台的建设，能有效提升政府决策水平，提高政府公共服务质量，加快推进智慧产业及城市发展，从而快速提高对"智慧生活"的全面感知，促进智慧政府发展战略的顺利实现。智慧政府是电子政务发展到一定程度以后的高级阶段，是电子政务效率最大化，是政府从服务型走向智慧型的必然产物，也是"智慧城市"可持续发展的核心推动力。它有助于解决电子政务发展中的问题，让政府的管理服务效能提升，让群众感受到政府服务无处不在。

比如，交通流的合理规划与疏导几乎是所有城市长期面临的问题，而大数据的广泛性与实时性则为解决这类问题提供了新的可能。目前大数据在智慧出行领域的应用主要体现在两方面：一是交通流量实时监控，如伦敦、波士顿和伯明翰利用或计划利用遍布全市的摄像头监控实时交通流量；伯明翰还将摄像头和各类传感器收集到的交通信息统一传送至控制中心，由工作人员实时调控交通。二是交通信息实时提供，如阿姆斯特丹和巴塞罗那通过安装在停车场的传感器为市民提供实时停车位信息，以引导居民合理出行；多伦多和巴塞罗那为市民提供公交车实时位置信息；波士顿为学生家长提供校车位置信息；伦敦为市民提供公用自行车位置信息等。

在市场机制的作用下，包括互联网在内的新一代信息技术大大提升了社会运行效率，深刻改变着社会运行模式。为了适应外界变化，保持与社会同步的信息效率，实现国家治理体系和治理能力现代化，政府比以往任何时候都更需要依靠活跃的技术来影响和带动制度变迁。公共产品和行政服务是我国供给侧结构性改革的重要领域，行政部门在简政放权的同时，需要提供更多更好的公共产品和行政服务以降低市场交易成本，激发市场主体活力。互联网能提升行政服务的效率，互联网与政务服务的结合体现着某种必然性。

第二节 "互联网+"基层领导思维转变

互联网在中国的发展与普及速度之快令世界惊叹，互联网对经济、政治、军事、社会和人们的行为方式影响之大、之深、之广，前所未有，对于人们思维影响之深也是任何科学技术无法比拟的。如今互联网思维已经不再停留于商业领域，而是全面深刻地影响到了社会各个领域。作为公务人员，特别是领导干部已经无法抗拒互联网思维的影响。互联网思维对各级领导干部思想观念、执政方式、工作方法必将产生深刻的影响。

一、互联网思维

什么是"互联网思维"？最早提出互联网思维的是百度公司创始人李彦宏。在百度的一个大型活动上，李彦宏与传统产业的老板、企业家探讨发展问题时，首次提到"互联网思维"这个词。他说，我们这些企业家们今后要有互联网思维，可能你做的事情不是互联网行业的，但你的思维方式要逐渐用互联网的方式去想问题。简要概括，互联网思维就是互联网、大数据、云计算等科技平台背景下，对人们一切社会活动和由此派生的物质领域、意识领域进行重新审视的思考方式。互联网不仅是一种技术和产业，还是一种思想和价值观。互联网不是技术，而是一种观念，是一种方法论。这些观点启示我们，应当把互联网思维提升到精神层面来认识和对待，并将其作为指导我们处理工作的一种方法论。

（一）互联网思维内涵延展

互联网思维是人们立足于互联网去思考和解决问题的思维。它是互联网发展和应用实践在人们思想上的反映，这种反映经过沉积内化而成为人们思考和解决问题的认识方式或思维结构。互联网思维成了生产力发展客观需要的社会思维，不单单是个人需求问题。没有互联网，也就没有互联网思维。

"互"，就是互动，就是领导干部要有民主互联思维。众所周知，互联网本身就是把对等的两端连接起来。相应地，唯有把政府与百姓两端紧密连接起来，这个社会才能和谐稳定。单靠政府的力量，即使尽其所能，如果缺少了百姓的理解和支持，或者百姓一味对政府寄予厚望，政府却逆向行之，结果都不可能达到理想彼岸，收获圆满结局。对于政府而言，互动最有效的办法，就是民主。

"联"，就是联系，就是领导干部要有服务思维。互联网始终强调"用户至上""体验为王"，直接套用过来的话，就是党和政府始终要把群众装在心里，树立"以民为本""百姓至上"的理念。网络时代，客户就是上帝，失去客户就等于失去了整个市场；当代社会，百姓就是父母，失却民心就等于失去了执政基础。我们党从诞生之日起，就始终把联系群众作为党的工作方法，把为人民服务作为党的宗旨，把最广大人民群众的根本利益作为党的最高利益。因此，提高服务意识理应成为领导干部的必修课，服务能力理应成为领导干部的看家本领。那些整天坐在办公室里听汇报的干部，那些即使下基层也不愿意蹚水以免弄脏皮鞋的干部，那些一跟百姓发生摩擦就大动肝火颐指气使的干部，是不管群众死活的，他们又怎么可能做到全心全意为人民服务呢？

"网"，就是网络，就是领导干部要有平等思维。在计算机领域中，网络虽然只是一个信息传输、接收、共享的虚拟平台，但是通过它，却可以把各个点、面、体的信息连接到一起，从而实现这些资源的共享。不管从数学意义还是物理意义去分析，被连接的这些点、面、体都是相互独立的个体，许多时候没有主次之分、高低之别。人类也是如此。

（二）互联网思维特征

互联网极大地压缩了信息横向传输的空间和时间，改变了过去信息与人、物之间的时空关系，蕴藏着带动经济社会多向发展的可能性。"互联网思维"就是把握和挖掘这些潜在可能性的方法，其特征大致包括以下方面。

1. 平视

平视即人们在网上平等对视、对话的表现形态和基本态度。首先，在网络平台上，人们的身份、职业、地域、年龄等社会标识都被淡化、忽略和剥离，每位网民都化身为一个简单的"ID"（identity document，账户）；其次，网络互联的过程就是将话语权打碎、均衡分配的过程，网上的每个人不以势大而言重，不因位卑而权弱；再次，随着移动互联网和社交网络的发展，人际关系因此而重组，人们依据兴趣爱好、思想观念、价值取向等在网上聚合、平等对话。

2. 互动

互动即信息的双向互通，是互联网实现人人互联的前提条件，也是其他媒体无可比拟的优势。网上信息不再是流水般的单向流动，而是不同观点和意见的交流、交锋和交融，既改变了传统的静态单一的交流模式，也改变了舆论参与的方式和频率、舆论生成的路径和规律，使网上评论、新闻跟帖成为舆论新形态。同时，信息的跨时空实时互动，改变了信息传播者和接收者的关系，特别是移动互联网背景下的互动，将网络世界与现实社会充分"链接"，网上网下即时同步，网上网下交融互通。线上的发布与线下的反馈、线上的质疑与线下的回应成为移动互联时代新常态。

3. 多元

多元是形形色色现实社会中的人在网上的本真呈现和自然绽放的状态。互联网是一面折射和反映现实社会的多棱镜，因为反映的角度、立场和取向不同而多元多态。一是话语权分散。一元与多元、大众与精众、主流与边缘并存。多元性带来互联网内容的丰富性，但也让网络信息纷繁复杂、良莠不齐。二是表达渠道多元化。随着互联网技术的发展和网络应用的多样，表达渠道、表达方式也呈现多元多性的状态。三是表达主体多元化。互联网既是个体价值观表达的渠道，也是群体利益诉求"争取"的平台。

4. 体验

互联网分享的便利，使"身临其境"和"现身说法"者的体验和感受更具真实性、说服力。一是见证者与参与者角色转换更频繁。互联网生活中，网民不再是一成不变的旁观者，而是在社会事件中不经意完成角色转变的参与者和体验者。二是网络"随身性"促进体验参与。随着移动互联网与社交网络的兴起，网民不再满足于表态与附和式的意见表达，便捷的移动网络可以让参与者实时发布相关感受至互联网，让更多的人参与或关注。

三是"现场感""参与感"越来越受到重视。每一位网民都有可能是产品的体验者、推销者，也可能是突发事件的报道者、见证者，真实感受和"瞬时呈现"使"体验"更具说服力。

5.开放

信息传播无边界、进入低门槛，使互联网一诞生就天然成为汇聚和分享的平台。互联网的开放，不仅是一种空间形态，更是一种观念和态度。因为开放所以汇聚，互联网上存在不同的文化、观念和生活方式等大量信息，网络空间成为一个丰富多样的世界；因为开放所以"零门槛"，只要有网络，你便可使用和进入互联网；因为开放所以"分享"，"上传"和"下载"是互联的基本形式，这意味着你不仅能贡献自己的想法和主意，也能借鉴别人的创意和思路。"共享"和"免费"成为这个时代每一位网民的信息"福利"，开放精神也成为"互联网思维"的内核，与时代精神高度契合，相互促进与推动。

6.个性

相对于现实社会，互联网以其更低限度的约束、更自主的表达，成为人们自我展示的最佳平台。个性化是互联网的活力所在，也是中国网民鲜明的标签。首先是网民构成。这个主要由年青等群体组成的网络主体，也因其群体本身的"个性鲜明"而极富色彩。其次是社会背景。当下社会思潮交融交锋激烈，交通的便利和通讯的发达进一步加深了这样的交流和碰撞，社会层面的个性化通过互联网得以凸显和放大。最后，网上人人表达、众声喧哗，为了在芸芸网民中凸显自我，在巨量信息中不被湮没，网民更会为个性而"个性"地求关注、求点赞。展示"我"的个性化和满足个性化的"我"，使互联网更加纷繁复杂。

二、互联网思维的启示

对于"互联网思维"，既不能神化，也不能妖魔化，而应看其是否真正变革了商业业态和商业模式，是否真正推动了技术创新和产业转型升级，是否真正促进了经济发展和社会全面进步。就此而言，"互联网思维"引发的变革与创新是切实可见的，加快思维变革也是极为必要和紧迫的。

（一）互联网思维的核心价值

核心价值是一个事物生存和发展的生命力所在，互联网的核心价值集中表现在创新、开放和服务三个方面。创新是互联网的核心驱动力，开放是互联网的天然属性，服务则是互联网的根本和落脚点所在。

1. 创新

创新是推动历史前进和事物发展的动力，创新思维则是创新活动的发端，是产生创新活动的灵魂和源泉。随着科技的进步，一项技术从创新到应用的周期在缩短，创新思维的作用周期越来越短，创新对生产力的作用前所未有的大，创新的模式和手段更加多样化，如微创新、大众创新等。互联网思维的创新价值渗透到了商业领域从设计到生产的各个环节，诞生了以"搜索+分享"为核心的营销模式、"数据预测+即时生产+智能管控"为特征的供应模式等。商业领域只是互联网创新的第一站，未来随着互联网的进一步普及和深化，其影响力和渗透作用将从个人、行业扩散到全社会。

2. 开放

开放是互联网精神的核心特征，突出表现为自由、开放、共享等特性。在互联网时代，互联网设计和运营的自由性、便捷性、超时空性，使人们的活动获得了空前的自由感，信息获取方式发生了根本性变革，信息获取成本递减；自媒体让言论获得自由，网络民主前所未有；移动互联网和智能手机的普及，以及信息碎片化使数据与人的交互变得容易，人们可以从事各种在现实社会里难以想象、无法企及的超越时空的活动。在开放精神导引下，互联网采取多中心分布式结构和自主切换的传输方式，呈现出全方位的开放架构（用户的开放、接口的开放、平台的开放、服务的开放、社交的开放、信息的开放等），这种"使用者驱动"的特点彻底改变了"拥有者驱动"的模式，使网络的虚拟世界日趋扩大和透明。共享是互联网的原初性和目的性精神，也是网民相互获取信息的状态，同时还是伴随信息时代应运而生的价值理念。

3. 服务

互联网思维的服务价值突出"用户导向"，以主动服务、意向服务、提升用户体验为终极目的。伴随着经济的长期高速发展、数字技术的普及、城镇化的推进和社会价值观的演变，多重因素交互作用，消费者正在逐渐走向细分、精准的多元"唯我"市场，个性化需求和按需服务正在成为互联网领域的一个基本原则，以消费者为核心的"逆"模式被提出来。例如，淘宝天猫为消费者提供定制的小家电服务，海尔集团为消费者提供家电定制解决方案等，都是从传统 B2C（business to customer）到当下 C2B（customer to business）转型的典型应用，实现了从消费者需求出发重构生产价值链。

（二）互联网思维精髓的应用

1. 用户思维

用户体验是 20 世纪 90 年代由唐纳德·诺曼（Donald Arthur Norman）提出的，最早应用于人机交互技术的研究上。其实，各个企业都强调用户满意度这个问题，但是将整个用户感受作为企业产品考核因素，应该来说，这一思维在互联网环境下才得到了真正的发展。互联网专家都很有共识，用户思维是互联网思维的核心思维。用户体验是指用户使用产品过程中自觉或者不自觉建立起来的主观感受，简单地说就是这个东西"好不好用，方不方便"。用户体验关注的是产品给用户带来的整体愉悦度，而不仅仅限定在产品性能上，它强调产品设计以用户为中心，从意识层面到潜意识层面，将每一细节做到极致，让用户看到的元素美观协调，听到的声音悦耳舒适，操作的过程顺畅自然。

对政府而言，它所面对的公众拥有两种不同的角色，一种是公民，一种是客户。当公众向政府提出权利要求时，他们是以公民的角色出现的；而当公众接受政府提供的公共产品和服务时，他们则是以客户的角色出现的。政府是公共产品的提供者，是有责任和义务为公众提供更好的服务的。第一，政府机构通过顾客调查来系统收集他们对政府服务的态度，他们在服务提供中的主要问题，以及改进的建议；第二，对垄断性政府机构进行结构调整，迫使它们与企业竞争；第三，如果垄断性政府机构本身无法进行重大调整，则建立一些企业机构，分发给它们一些公共事务，以发挥市场优势；第四，创造市场，把职业培训、工作安全等政府职能市场化。

"以用户为中心"的用户思维，说得通俗一点，就是用户要什么你就给他什么；用户什么时候要，你就什么时候给；用户要得少，你可以多给点；用户没想到的，你替他考虑到了。换到城市建设方面，城市居民生活的方方面面的公共产品与服务的提供都应该是政府的义务与责任，政府提供的公共服务与产品的质量和水平都与民众幸福感有关。

2. 大数据思维

依靠先进的大数据技术，可以快速、准确地锁定重点对象，及时采取有效措施。数据的产生和收集本身没有产生服务，最有价值的是对数据的使用，数据被收集以后，会被用于不同目的，使数据体现出应有的价值。

大数据开启了一个重大的时代转型。就像望远镜让我们感受宇宙，显微镜让我们能够观测到微生物一样，大数据正在改变我们的生活以及理解世界的方式，成为新发明和新服务的源泉，而更多的改变正蓄势待发。大数据时代将带来深刻的思维转变，大数据不仅将改变每个人的日常生活和工作方式，改变商业组织和社会组织的运行方式，而且将从根本上奠定国家和社会治理的基础数据，彻底改变长期以来国家与社会诸多领域存在的"不可治理"状况，使得国家和社会治理更加透明、有效和智慧。

3. 迭代思维

迭代思维，是指快速地响应用户的反馈，在产品和服务上从小处着眼，进行微创新。迭代是源于数学领域的一个专有名词，是指将变量初始值经过函数计算后得到结果，并将结果作为下一次计算的初始值，用相同的方法重新计算，如此经过多次重复计算得到最终值的一种算法。有一次过程的重复都称为一次"迭代"。在互联网中，迭代往往是指初始产品不断接受用户反馈之后不断调整改进产品的功能和质量，使之越来越接近客户的要求。在政府公共管理领域中，政府提供的公共服务甚至是行政管理行为能不能有实际效果，实践中，还有没有更好的替代性手段，或者还有没有能够改进的地方，这些都是迭代思维的具体应用领域。

在互联网思维下，源自数学领域的迭代思想已经由一种算法逐步升级发展为一种方法、理念和思维模式。随着知识服务在情报工作中的快速推进，知识服务产品开发与服务活动正在逐步步入规范化、工程化、工艺化的轨道。在知识服务产品化活动中引入迭代思维，可以有效提高产品质量、开发效率和服务效果，增强开发活动的针对性、规范性、科学性和创新性。

4. 跨界思维

跨界的主要目的是"借智"，即把某一行业成功的人才、经验植入新的行业。跨界最难跨越的不是技能之界，而是观念之界。思想的自由，思维的灵动，好似创意的眼睛，创新的灵魂。思想自由，则目光如炬；思维灵动，则意到神随。而欲达自由、灵动之境，跨界必先拆除思想的藩篱、打破思维的界限。领导干部迫切需要这种跨界思维。跨界思维可以让领导干部学会向对手学习，在激烈的竞争中占有先机、赢得主动。跨界思维可以让领导干部学会敢于担当。俗话说"进攻是最好的防守"。只有敢于探究自己不熟悉的业务，敢于直面风险，才能在新形势下开拓进取。跨界思维也可以让领导干部学会建立必要的"气场"，控制话语主动权，占领舆论制高点。

当前，利用微信平台进行政务发布、政策宣传就是跨界思维的运用。小微信可以提供大平台。人民群众的声音政府领导能听到，能看到，政府办事能力怎么能提升不上去？政府借助跨界思维可以为公众提供更优质、更贴心的公共服务。希望更多的政府部门都能积极地去抢占新媒体应用领域，从中央到地方，将转作风、树新风进行到底。领导干部开通公众微博、公众微信，熟练运用新媒体技术应成为当代领导干部的必备能力。

5. 平台思维

平台思维是指通过搭建一个可以聚集各种资源和吸引社会民众的媒介，从而实现事业目标的思维方式。平台有时候比能力重要，平台具有可持续性。央视主持人白岩松说过，就是一只狗，到了中央电视台也会成名。这就是平台造就的奇迹。从500年前的德国古登堡印刷革命，到美国南北战争期间电报技术的运用，再到20世纪30年代收音机的运用、20世纪60年代电视传媒的运用，以至21世纪互联网的运用，可以说，在每一个时代，新兴信息传播技术都在为领导力的提升带来巨大优势。谁善于应用新技术提升领导力，谁就会赢得新的时代、赢得民众支持。

6. 尖叫思维

互联网思维中，产品是一切思维的焦点。用户尖叫点就是超出用户预期，让用户欣喜若狂感到很爽很过瘾的点。

对政府而言，让人民尖叫的就是习总书记反腐倡廉的决心、勇气与行动。领导干部就是要通过互联网找到网民群众的"痛点"，活血化瘀，维护网民群众的具体权益；就是要找到网民群众的"尖叫点"，让网民群众体验到工作的快乐和生活的幸福。有些领导干部在网络问政中坚持"为人民办好事，让人民好办事"，就是要成为网民群众的粉丝，把网民群众变成粉丝。

三、提升领导干部互联网思维能力

互联网已经成为新一轮科技革命的时代标志，相应地，互联网思维成了客观需要的社会思维，而不单单是个人思维；成了时代思维，而不是一种区域性思维。因此，对于生活在这个时代的每一个成员来说，互联网思维就不是一种可有可无的思维，而是必备思维。

（一）运用互联网思维应坚持的五项原则

互联网思维是一种力求适应互联网的思维，只有适应，才有可能，如不适应，一切可能都关上了大门。在互联网时代，领导干部如果不适应时代的发展，自己的工作舞台、生活空间、自身的意义和价值，只能萎缩，难以拓展。

1. 多元共生更需核心引领

人类社会发展规律表明，社会分工越细化，就越需要整合，价值越多元，就越需要引领。我国正处于全面深化改革的攻坚期，利益格局的多元调整必将带来思想观念的深刻变化，特别是在新媒体环境下，信息传播方便快捷、社会思潮空前活跃、价值取向更加多元，如果没有核心价值的统摄，没有精神旗帜的指引，就会造成群体迷失、人心涣散。深刻领悟新闻舆论工作提出的基本指引，一要毫不动摇坚持党媒姓党，加强党对新闻舆论工作的思想领导。新闻舆论媒体坚守党性原则，坚持"两个维护"，充分体现党的意志、充分讲明党的主张，做到爱党、护党、为党。二要强化责任意识，坚持守土有责，守土尽责，加强党对新闻舆论工作的组织领导。

2. 平等相待才会赢得尊重

在面向基层、面向群众时，领导干部只有像在网上交流一样"素面朝天"，不靠职位示威，不用派头压人，以平视的姿态、平和的心态、平实的言行，才能赢得群众的信任与尊重。

3. 互动沟通才能获得理解

互动，带来了社交网络的空前繁荣，既形成了全新的商业营销模式，也在干群之间搭建起便捷的沟通交流、促成共识的平台。首先，网络互动带来新的沟通方式。在政策起草、制定、颁布、实施的过程中，可以通过互联网不断及时地吸纳、汇集和反馈群众的意见、建议，使决策更加民主化和科学化，施政更具针对性和人性化。其次，网络互动可以凝聚共识。人们在互动交流中碰撞思想火花，在平等讨论中凝聚发展共识，在坦诚沟通中消除成见误解。再次，网络互动可以密切党群关系。在重大决策和政策宣传过程中，可以通过网上嘉宾访谈和微访谈等多种网上互动形式，吸引网民参与讨论，征集网民意见，将原来自上而下的单向灌输、不容争辩的被动接受，变为双向多向、直接即时的民主讨论和交流互动，在"你来我往"中消除与群众的距离与隔阂，在"水乳交融"中获得群众的理解和信任。

4. 尊重个性才能针对性服务

在互联网企业成功的"秘诀"中，"极致"成为频频提及的词语。其实，真正的"极致"来源于对用户个性的精准把握和对需求的无限贴近。在公共服务与社会治理中，如何利用大数据和云计算更贴近、更精准地满足群众个性化的需求，成为许多国家政府努力的方向。互联网企业的成功之道和发达国家的经验表明，大数据时代的为人民服务，不能仅仅满足于表面化的服务态度和礼节性的嘘寒问暖，而是要在数据政务中分析群众的需求，提供精准的个性化服务，针对性地解决实际问题，把服务做到"极致"。

5. 参与体验是更深入的贴近

互联网改变了媒体与受众的主客体关系，利用网络进行重大活动宣传，让网民亲身体验或置身新闻现场，成为参与者、体验者，会让宣传推介内容更真实更打动人心。近来一些传统的评奖，引发社会舆论的广泛质疑和吐槽，其重要原因之一就是没有网民和公众的参与和监督，一定程度上已经形成程序上的缺失，评奖成了小圈子的"自娱自乐"。而近年来由网民评选出来的平民英雄和最美人物却备受赞誉。

（二）领导干部应强化的五个意识

1. 导向意识

"数字有正负，凡事存是非。"互联网的开放性、多元化，使其成为各种思想观点自由呈现的平台，既是反映现实社会的真实镜像，也是各种观点交锋、矛盾冲突的前线。在纷繁复杂的网络世界里，主流舆论如何引领，媒体功能如何发挥，关系人心向背，关系党的事业兴衰成败。新闻是意识的向导，时代的航标，导向就是新闻前面的"加减号"，不管信息传播的技术、渠道和形式如何变化，党管媒体的原则绝不动摇，"团结、稳定、鼓劲、正面宣传为主"的方针永不过时，任何时候、任何情况下都必须旗帜鲜明、理直气壮、毫不含糊。

2. 效果意识

互联网行业特别注重用户体验，以精准预见用户需求来决定自己的下一步发展方向。同样，我们的工作则以人民满不满意为根本出发点和落脚点。在新媒体环境下，一切执政举措都会受到公众的监督，人民群众的态度会通过网络即时反馈和呈现，负面效应和正面效果"立竿见影"。比如，党的群众路线教育实践活动，就是要以群众接不接受、满不满意为最终目标，以此反向推演过程，检验工作成效。

3. 第一时间意识

移动互联网进一步压缩了信息横向传递和流动的时空，无数的智能手机和摄像头，构成全时空分布的舆情"捕捉点"，围观"现场直播"和见证"历史发生"成为网民习惯。在突发公共危机事件中，政府的一举一动都备受关注，稍有迟缓，就会落于网后，陷入被动。如果官方集体失语、反应迟缓、闪烁其词，就会在质疑一切的网民面前形成强烈的错误暗示：沉默意味着默认，迟疑潜藏着"猫腻"，含糊等同于"忽悠"，从而引发现实与舆论的双重危机。因此领导干部树立第一时间意识尤为重要。处理突发危机事件，官方首先要第一时间说话，及时表明态度，抢占话语制高点，缓解公众的"真相焦虑"和"较劲心态"；其次要用事实说话，实时公布进展，保持信息权威性，避免掉入网民"揣着真相看你如何撒谎"的陷阱；最后要真诚说话，以开诚布公的态度避免刺激公众情绪。

4. 诚信意识

诚信被誉为公民的第二个"身份证"，更是官员的基本素质、为政之德。在日益透明的社会环境中，官员的诚信问题不仅备受关注，还会被不断放大成群体性问题。领导干部一旦失信违诺，就会在网络上留下永远的"污点"和"胎记"。领导干部树立诚信意识，首先，要以自身言行树诚信，在政务活动中做到言必行，行必果，领导干部要自觉讲诚信，言行一致，做到台上台下一种表现；其次，要以反腐倡廉树诚信，杜绝个别"双面"官员台上誓言反腐败，台下照样腐败，透支公众对党和政府的整体信赖；最后，要以政府决策树诚信，决策不当或失信可能给政务诚信和官员形象带来更大危害。

5. 创新意识

互联网技术的快速迭代和更新，让人们更频繁、更贴近地感受到科学技术前所未有的进步，以及创新带动和倒逼产业升级的急促步伐。在网络的耳濡目染下，创新已逐渐形成习惯融入我们民族的血液和基因，激发着全社会的想象力和创造力。但创新不应是一句简单的口号，首先要树立扬弃观点，既要大胆吸纳全球范围的优秀成果，又要不断激发本土的自身优势；其次要坚持"民族的就是世界的，现代的就是国际的"，传承和发扬"以人为本""和而不同"等文明理念，彰显民族特色、中国智慧和时代担当；最后要营造尊重创新的环境和氛围，提供创新的平台和条件，包容敢想敢试的试错机制，把创新是一个民族进步的灵魂的理念根植于每个人的心里和行为中。

（三）领导干部互联网思维与其他思维的融合

当今时代，以信息技术为核心的新一轮科技革命正在孕育兴起，互联网日益成为创新驱动发展的先导力量，深刻改变着人们的生产生活，有力推动着社会发展。互联网真正让世界变成了地球村，让国际社会越来越成为你中有我、我中有你的命运共同体。同时，互联网发展对国家主权、安全、发展利益提出了新的挑战，迫切需要国际社会认真应对、谋求共治、实现共赢。面对新形势新挑战，迫切需要领导干部真正把握互联网的技术本质，树立起互联网思维，提升互联网领导力。

1. 精准思维

"互联网+"的变革根源于云计算和大数据的充分使用，这必将为宏观调控提供更准确的数据支撑。国家统计部门的统计数字将不仅局限于已经发生的数据，更会依据庞大的数据和精确的算法扩张到对未来产业发展的预测。政府宏观调控将更加精确，更符合市场和社会发展的需要。同时，数据采集来源也将更加个体化，宏观调控要求将比以前任何时候都更加有针对性，社会主义宏观调控模式将成为发展主流，政府因占有最大规模的数据而成为全行业"互联网+"革新的风向标的实际控制人。

2. 诚信思维

建立网络征信、诚信制度，实行网络实名制，在全体国民中建立信用档案等，为治理网络失信行为提供制度保障。对网络行为，要做到奖罚分明，在对网络诚信行为奖励的同时，严厉打击网络失信行为，加大网络失信行为处罚力度，提高网络失信成本。网络诚信要以法律制度来约束，同时要宣传，要引导，还要教育。要提高人民整体素质，树立诚信观。要在网络上树立诚信意识，就要在所有领域、让所有人都树立诚信意识，要在全体国民中建立信用体系，加强素质教育和信用、诚信观的灌输。对于诚信意识的灌输，应从学校抓起，让网络诚信深入人心。只有在所有领域大力推进诚信建设，才能让诚信意识在网络上落地生根。如果人人都能在网络上做个诚实的人，遵守网络道德，我们的网络环境就会风清气正。

3. 法治思维

互联网虽然是无形的，但运用互联网的人都是有形的。今天我们以"命运共同体"来形容互联网，赋予其更多的"人"的特征。为了让互联网发展充满"好运"，就必须赋予其更多的"人"的思维，其中法治思维不可或缺。"互联网+"作为一种新兴事物，是经济社会发展的必然趋势。在这个趋势的"风口"，法治思维应有所作为。一方面，法治应承担对新产业发展的保驾护航作用，避免新技术这把"双刃剑"可能带来的社会负面效果；另一方面，法治应有明确立场，应站在顺应历史发展的角度来看待新问题。任何产业革命都不可避免地带来新旧利益之间的冲突，新时期的法治不仅要保障社会公平正义，而且还要转化成促进发展的动力，促进产业革新，促进市场竞争，促进优胜劣汰。

4. 质变思维

网络并不总是以正能量示人。特别是中国正处在社会转型期，社会矛盾的巨量存在而又无法在有限的时空下集中解决，这种矛盾要在一定时期存在的社会现实会引起社会民众的不满情绪。社会矛盾的解决要依靠政府提供的法治途径，而不是无序地在互联网发泄，否则一不小心就可能正中敌对势力的下怀，将网上混乱引燃到社会混乱，引发政治危机。

5. 善治思维

伴随中国法治进程的推进，互联网法治稳中有进，但是总体来看治理模式仍然沿袭的是传统行政管理的套路，即以政府为主体、以业务许可制为基础、以运动式的管制为抓手、自上而下的行政化管理模式。在面对日益严峻、层出不穷的互联网安全威胁时，只能通过不断收紧行政审批和加强网络监管来维系，由此带来的是行政成本和社会博弈的不断增加，中国互联网也就陷入"不管就乱，一管就死"的恶性循环。因此，为适应互联网发展和我国社会转型的趋势，我国互联网安全治理亟待从威权管制跨入到依法善治的阶段，其基本表征是以法律为根本、以社会多元主体共同治理为基础、以事中和事后监管为重点的互动合作式的治理模式。

6. 道德思维

互联网具有获得性、虚拟匿名性、体验性、个人自主性、缺乏责任性、网上交往的平等性等。在平等性得以充分强化的同时，交往中必要的规范约束、道德意识却不断弱化。互联网道德建设是一项系统工程，需要政府、网民和社会等各方积极参与和配合，其目的是促使人们合理、合法、合情、合德地利用网络，发挥网络的正能量和增强网络的向善力、向美力、向真力，服务于当今中国现代化建设和和谐社会建设。

积极建立健全网络道德规范，形成系统化的网络道德规范体系，全方位规范和指引网络主体行为。当前人们的精神世界与物质世界均和网络联系融合在一起，网络成为人们不可或缺的重要部分，对大众进行网络道德规范已显得非常有必要。我国网络道德规范的建立健全务必要在坚持法律硬约束与道德软约束相结合等基础上，形成一套可操作的、开放的网络道德规范体系。其基本内容至少应该包括以下方面：善于明辨网上的信息真善美；做到诚信网络行为；对自己上网行为要有担当负责任的态度和品质，尊重他人和自重；自觉遵守和履行各种网络协议，切实维护网络安全和健康运行；对任何可疑的网络行为都要及时举报；面对网络中的各种不良和不健康诱惑，主动抑制和拒绝、远离等。

网络道德教育是规范网民的一道防火墙，培养具有科学与人文精神的网络道德主体是其根本目标。要达到此目标，务必要采取以下办法教育网民：大力强化网络道德意识，引导网民积极学习相关课程；促使网民认同网络道德规范，形成自律习惯；建立优秀思想德育网站，开发和利用有益的德育资源，以此教育网民；引导网民加强网络道德修为，走出网络世界，回归现实世界，积极参加各种社交活动和公益活动。在开展网络道德教育过程中，我们还务必要坚持以下原则：执行网络道德教育责任制，谁主管网民谁负责教育，调动全社会的力量和资源来教育网民；有针对性地开展网络道德教育，因人而异，针对不同群体和团队，采用不同办法和形式；充分利用和发挥网络优势，开展多种形式的网络道德教育活动，以活动教育网民。

互联网思维是具有鲜明时代特征的思维，是以互联网技术为思维基础，以重视、适应、利用互联网为思维指向，以收集、积累、分析数据，用数据"说话"为思维特点，没有什么神秘之处。尤其是，互联网思维与其他思维并行不悖，它不可能取代经济思维、政治思维、法治思维、道德思维、战略思维等等；相反，互联网思维要综合运用这些思维，或者说，要整合这些思维于一身。离开了这些思维，互联网思维就会迷失方向，走向歧途。

参考文献

［1］刘妮娜. 城市基层社会治理体系的"回天"样本建构与实践［M］. 北京：光明日报出版社，2023. 04.

［2］罗新忠. 社区治理关键词［M］. 上海：上海人民出版社，2023. 02.

［3］陈水生，唐亚林. 物业管理与基层治理［M］. 上海：复旦大学出版社，2021. 09.

［4］袁迎春. 基层治理的困境与化解［M］. 北京：中国民主法制出版社，2021. 09.

［5］龚维斌. 大国基石推进基层治理现代化［M］. 国家行政管理出版社，2021. 12.

［6］宋坚刚. 基层治理中民意回应机制研究［M］. 北京：中国社会出版社，2021. 03.

［7］仝尧. "互联网+"基层治理现代化的思考［M］. 徐州：中国矿业大学出版社，2020. 01.

［8］宋少燕. 当代中国基层治理的理论与实践研究［M］. 北京：北京工业大学出版社，2020. 04.

［9］王文科，张敏. 中国区域主流媒体助推基层治理的尤溪探索［M］. 杭州：浙江大学出版社，2020.

［10］孙杨程. 使基层治理运转起来制度传统、组织资本与社区公共产品供给研究［M］. 天津：天津人民出版社，2020.

［11］肖唐镖. 技术型治理的基层实践［M］. 天津：天津人民出版社，2020. 09.

［12］周海南. 基层社会治理创新探索［M］. 南京：江苏人民出版社，2020. 03.

［13］贺琳凯. 基层政治与地方政府治理创新研究［M］. 昆明：云南大学出版社，2020. 05.

［14］桂华. 社会组织参与农村基层治理研究［M］. 武汉：华中科技大学出版社，2019. 01.

［15］董伟，李燕梅. 基层社会治理创新与实践［M］. 北京：人民日报出版社，2019.

01.

［16］康家玮. 统一战线与我国城市基层社会治理实践研究［M］. 北京：华文出版社，2019. 10.

［17］刘银喜，任梅，朱国伟. 流动公共服务中国基层社会治理创新研究［M］. 北京：中国经济出版社，2019. 12.

［18］彭海红. 基层群众自治制度建设［M］. 北京时代华文书局，2019. 08.

［19］刘春荣，耿曙，陈周旺. 中国城市基层治理研究读本［M］. 上海：复旦大学出版社，2018. 09.

［20］曹贤信，何远健，左群. 农村基层治理法治化的理论与实践［M］. 南昌：江西高校出版社，2018. 01.

［21］刘恒，徐武. 基层治理法治化与法律风险管理［M］. 北京：中国法制出版社，2018. 12.

［22］周军，马贵侠，毕兰凤，徐财松. 社会工作创新基层社会治理实践研究［M］. 北京：知识产权出版社，2018. 02.

［23］朱新山. 基层政治与地方治理［M］. 上海：上海大学出版社，2016. 02.

［24］陈明明，任勇. 国家治理现代化理念、制度与实践［M］. 北京：中央编译出版社，2016. 07.

［25］陈荣卓，陈鹏. 新时代农村社区治理经验与效能［M］. 武汉：华中师范大学出版社，2021. 06.

［26］袁方成，靳永广. 田野中国新时代乡村治理现代化的地方探索［M］. 武汉：华中师范大学出版社，2021. 10.

［27］柏莉娟. 乡村治理方式变迁与创新方法研究［M］. 北京：中国商务出版社，2018. 12.

［28］阮云强. 城市基层党建与社会治理创新研究［M］. 上海：华东理工大学出版社，2017. 12.

［29］许青云，赵志勋，张晓东，朱忠良. 密切联系群众制度化与基层治理现代化［M］. 北京：社会科学文献出版社，2018. 03.

［30］辛全龙. 市域社会治理现代化的理论与实践［M］. 北京：中国人民公安大学出版社，2020. 05.